Zur Geschichte der Juden am Mittelrhein

Band 13.1

Synagogen und andere Kultstätten

Koblenz, 10.03.2014

von Wolfgang u.
Gisela

D1724759

WEGWEISER
Mittelrhein

Wegweiser Mittelrhein

herausgegeben
durch den Rheinischen Verein
für Denkmalpflege und Landschaftsschutz
von
Wolfgang Brönner, Franz-Josef Heyen
Gabriela Fürstin zu Sayn-Wittgenstein-Sayn

Band 13.1

Michael Huyer

Zur Geschichte der Juden
am Mittelrhein
Synagogen und andere Kultstätten

Zur Geschichte der Juden am Mittelrhein

Band 13.1

Synagogen und andere Kultstätten

von
Michael Huyer

GÖRRES VERLAG
KOBLENZ

Diese Veröffentlichung wurde durch ideelle Unterstützung, aktive Mitarbeit sowie finanzielle Zuschüsse und Spenden ermöglicht, namentlich der Stiftung Rheinland-Pfalz für Kultur sowie der Landkreise bzw. deren (Kreis-)Sparkasssen Ahrweiler, Altenkirchen, Cochem-Zell, Mayen-Koblenz, Neuwied, Rhein-Hunsrück (Simmern), Rhein-Lahn (Bad Ems), Westerwald (Montabaur) und der Stadt Koblenz.

ISBN 3-935690-44-4
Herstellung: Görres-Druckerei GmbH, Koblenz

Titelabbildungen:
oben: Tora aus der Synagoge in Koblenz
unten: Die ehemalige Synagoge in Saffig

Vorwort der Herausgeber

Einen „Wegweiser" zu Stätten und Denkmalen der Geschichte und der Kultur am nördlichen Mittelrhein zwischen Ahr und Nahe, mit Eifel, Hunsrück, Westerwald und Taunus, hatten wir zunächst auf elf Bände konzipiert und – dank der engagierten Mitarbeit der Autoren, großzügiger Unterstützung durch die Stiftung Rheinland-Pfalz für Kultur und der Träger der kommunalen Einrichtungen des Raumes sowie nicht zuletzt des Engagements des Görres Verlages – in den Jahren 1998 bis 2000 vorlegen können. Besuchern und Gästen unseres Landes, aber ebenso allen einheimischen und zugezogenen jungen und älteren Bewohnern wollten wir die über die Jahrtausende hin überlieferten Zeugnisse vom Leben und von den naturgegebenen Strukturen dieser Region erschließen und in ihren Gemeinsamkeiten und Besonderheiten bewusst machen.

Die Resonanz war erfreulich positiv. Wir erhielten auch Anregungen zu einzelnen Themen, Ereignissen, Orten, die wir bei Neuauflagen berücksichtigt haben und natürlich auch künftig berücksichtigen werden. Es wurden aber auch zusätzliche Themen angeregt, auch zur Veröffentlichung angeboten. Auch dafür sind wir sehr dankbar und wollen bemüht bleiben, solche Anregungen aufzugreifen und nach Möglichkeit umzusetzen. So haben wir im Jahre 2003 das mit 200 Seiten bisher umfangreichste und auch, wir wir meinen, vom Verlag großzügig mit Abbildungen ausgestattete Band 12 über „Gärten und Parks", bearbeitet von Stella Junker-Mielke, veröffentlichen können.

Mit dem nun vorgelegten Doppelband 13.1 und 13.2 zur Geschichte der Juden in unserem Raum wollen wir einem mehrfach und von verschiedenen Seiten vorgetragenen Anliegen entsprechen. Wie berechtigt und notwendig es ist, Geschichte und Zeugnisse der jüdischen Menschen in unseren Städten und Dörfern zu dokumentieren und bewusst zu machen, bedarf keiner Begründung. Wir haben uns bei diesem Thema aber auch nicht einer formal gegebenen Beschränkung und damit erzwungener Auswahl auf eine vorgegebene Seitenzahl einschränken wollen und uns deshalb zu zwei Teilbänden entschlossen; nicht zuletzt auch dank der Bereitschaft des Verlages zu damit gegebenem größerem Engagement. Wichtig war uns vor allem, mit Band 13.2 eine – wie wir hoffen – vollständige Dokumentation jüdischer Friedhöfe zu erstellen und vorzulegen, weil im Friedhof, mehr und anders als in der Synagoge, jüdisches Glaubensverständnis, Erinnerung und Transzendenz dokumentiert sind. Dem Autor Michael Huyer gilt

unser Dank besonders für sein Engagement bei der Weiterent-
wicklung unseres zunächst enger gefassten Konzeptes.
Wir wollen jetzt nicht mögliche weitere Themen erörtern oder gar
solche ankündigen. Aber für Anregungen sind wir immer offen
und dankbar.

Koblenz, im Januar 2006

Gabriela Fürstin zu Sayn-Wittgenstein-Sayn
Wolfgang Brönner
Franz-Josef Heyen

Inhalt

1. Zur Geschichte der Juden am Mittelrhein

Vom Mittelalter bis zur Mitte des 17. Jahrhunderts 9

Vom 17. Jahrhundert bis zum Ende des Kaiserreiches . . . 19

Das 20. Jahrhundert 30

2. Aspekte jüdischer Religiosität. 35

3. Synagoge, Bet- und Lehrhaus 49

4. Katalog der Synagogen, Beträume und Mikwen 67

Anhang

Literaturnachweise, Abbildungsnachweis, Ortsregister,
Karte. 129

Vorbemerkung des Autors

Menschen jüdischen Glaubens waren jahrhundertelang eingebunden in das Leben in deutschen Landen. Ihre Historie ist Teil deutscher Geschichte, so auch am Mittelrhein.

Aufgrund der politisch-gesellschaftlichen Ereignisse im 20. Jahrhundert existieren hier – mit Ausnahme von Koblenz – keine jüdischen Gemeinden mehr. Wer sich ein Bild von der einstigen Lebenswelt der hiesigen Juden machen möchte, dem bleibt neben Text- und Bildquellen vor allem die materielle Überlieferung. Das sind vorrangig Gebäude des Kultus und Ruhestätten der Toten. Oft nur in Resten oder stark verändert erhalten, bieten sie immerhin retrospektiv Anschauung von der Kultur dieser Bevölkerungsgruppe. Der vorliegende Wegweiser möchte zu Orten jüdischen Wirkens führen und zur vertiefenden Beschäftigung einladen.

All jenen, die das Entstehen des Buches fördernd begleiteten, die Abbildungen oder Texte zur Verfügung stellten und in Gesprächen hilfreiche Hinweise gaben, sei herzlich gedankt. Stellvertretend zu nennen sind Prof. Dr. Michael Brocke, Stefan Fischbach, Prof. Dr. Franz-Josef Heyen, Dietrich Schabow, Frau Söbel. Meiner Frau und meiner Tochter danke ich für die Geduld und die Begleitung bei zahlreichen Exkursionen.

Mainz, im Januar 2006

1 Zur Geschichte der Juden am Mittelrhein

Vom Mittelalter bis zur Mitte des 17. Jahrhunderts

Die ersten Spuren jüdischen Lebens in Zentraleuropa finden sich am Rhein. Bereits im vierten nachchristlichen Jahrhundert ist eine jüdische Gemeinde in Köln nachweisbar. Danach fehlen gesicherte Nachrichten aus dem Rheingebiet bis zum zehnten beziehungsweise elften Jahrhundert, als von Juden in den Bischofsstädten Köln, Mainz (hebr. Magenza), Worms (hebr. Warmasia) und Speyer (hebr. Schpira) berichtet wird. Die Herausbildung einer angesehenen Lehrtradition in den drei letztgenannten Städten führte dazu, dass die Judengemeinden Zentraleuropas (das heißt aschkenasische Juden) den dortigen Rabbinern höchste Autorität in religiös-kultischen sowie rechtlichen Fragen zugestanden. Seit der Mitte des zwölften Jahrhunderts war die Führungsrolle der Rabbiner jener Orte, die von Juden nach ihren hebräischen Anfangsbuchstaben zusammen als Schum-Städte bezeichnet wurden, festgelegt. Für das aschkenasische Judentum galten die dort erarbeiteten Vorschriften, die 1220 auf einer Synode in Mainz als „Takkanot-Schum" fixiert worden waren.

Ausgehend von den genannten Bischofsstädten erfolgte die Einrichtung jüdischer Niederlassungen im Mittelrheingebiet. Dies geschah vor dem Hintergrund des Entstehens von Wirtschaftszentren und einer damit einhergehenden Urbanisierung der in verschiedene Herrschaftsräume aufgeteilten Region. Selbstzeugnisse von Juden zu ihrer Ansiedlung im Hochmittelalter gibt es allerdings nicht. Auf die

9

Anwesenheit jüdischer Einwohner oder Händler muss fast ausschließlich aus christlichen Quellen geschlossen werden. Zu den frühesten Siedlungsorten zählen Bacharach und Koblenz, wo sich schon vor beziehungsweise in der Mitte des zwölften Jahrhunderts jüdische Gemeinden gebildet hatten. Der Bericht Benjamins bar Jona von Tudela aus dem letzten Jahrhundertdrittel erwähnt Juden in Bingen, Kaub und Andernach. Im 13. Jahrhundert nahm die Dichte jüdischer Niederlassungen entlang des Hauptverkehrswegs Rhein und später auch der Nebenflüsse erheblich zu. Kurz vor der Jahrhundertmitte hatten sich in Boppard und Oberwesel die bedeutendsten Judengemeinden im Mittelrheingebiet entwickelt. Bei der jüdischen Siedlungsexpansion in der zweiten Hälfte des 13. Jahrhunderts ist eine Bevorzugung von Reichsorten (unter anderem Cochem) festzustellen.

Zunächst unterstanden die Juden im Reichsgebiet allein dem König, dessen Schutz sie sich durch Abgaben versichern mussten. Kaiser Friedrich II. erklärte 1236 die Juden zu kaiserlichen Kammerknechten und deklarierte sie rechtlich zu einer Sondergruppe mit eigener „Judensteuer". Insbesondere seit der Regentschaft Königs Rudolf von Habsburg wurde das so genannte Judenregal den Territorialherren überlassen. Diese in der Mittelrheinregion vornehmlich bischöflichen Landesherren hatten doppeltes Interesse an der Ansiedlung von Juden in ihren Gebieten. Einerseits flossen deren Schutzgelder direkt in ihre Kassen, andererseits konnten mit ihnen Finanzexperten und Geldverleiher gewonnen werden. Die wachsende Verstädterung hatte unter anderem einen erhöhten Kredit- und Bargeldbedarf zur Folge, den Christen wegen des Verbots der Zinsnahme nicht befriedigen konnten. Da sich die Erwerbstätigkeit von Juden, die als Nichtchristen von Landwirtschaft und zünftigem

Handwerk ausgeschlossen waren, sowieso auf Geldhandel und -verleih konzentrierte, bestand hier gleichsam eine ideale Ergänzung. Gerade in den Weinbaugebieten am Mittelrhein fanden Juden in den zunehmend urban strukturierten Orten günstige Bedingungen für eigene Niederlassungen. Zum einen bot der Weinhandel gute Verdienstspannen, zum anderen gab es im extrem klimaabhängigen Weinbau phasenweise, zum Beispiel infolge von Missernten, immense Kreditnachfragen. Auch Münz- und Zollstätten dienten jüdischen Finanzexperten als bevorzugte Wohnorte (unter anderem Oberlahnstein).

Bis über die Mitte des 13. Jahrhunderts hinaus hatte es, sieht man von dem speziellen Phänomen im Umfeld der Kreuzzüge ab, lediglich lokal begrenzte Ausschreitungen und Vertreibungen von Juden gegeben. Mehr oder weniger religiös verbrämte Habgier scheint nicht selten die eigentliche Motivation für Gewalt gegen Juden gewesen zu sein (Bingen 1198 oder 1199). Von offizieller Seite wurden derartige Vorfälle meist untersucht und überführte Täter zur Rechenschaft gezogen (Boppard 1196). Eine neue Qualität erhielten Pogrome gegen Juden mit dem Aufkommen des Vorwurfs von Ritualmorden. Nachdem man Juden erstmals in der Mitte des 12. Jahrhunderts in England beschuldigt hatte, in der Osterzeit Christenkinder zu töten, um deren Blut zu trinken, breitete sich diese Verleumdung im mittelalterlichen Europa aus – und hielt sich zum Teil jahrhundertelang. In Koblenz und Sinzig verloren Juden 1265, in Bacharach und Rockenhausen 1283 aufgrund derartiger Anschuldigen ihr Leben. Sehr bekannt sind die Vorgänge um den „Guten Werner". Nachdem dessen Leiche bald nach Ostern 1287 im Windsbachtal bei Bacharach aufgefunden worden war, kam das Gerücht auf, Juden seien seine Mörder gewesen. Die möglicherweise auf eine in jüdischen Diensten stehende Magd aus Oberwesel zurückgehenden Anschuldigungen genügten, um einen furchtbaren Pogrom am Mittelrhein auszulösen. Von Boppard und Oberwesel, wo über 40 Menschen ihr Leben ließen, nahm die Ermordung von Juden im Mittelrheingebiet im April 1287 ihren Ausgang. Besonders viele Opfer waren in Cochem, Trarbach, Kobern und Münstermaifeld zu beklagen. Auffälligerweise breiteten sich die bis September andauernden und bis zum Niederrhein reichenden Ausschreitungen nicht planmäßig aus. Dies legt den Verdacht nahe, dass nicht nur religiöse Motive im Spiel waren. Nachdem die überlebenden Juden König Rudolf von Habsburg eine stattliche Geldsumme versprochen hatten, nahm dieser sie im Februar 1288 unter seinen Schutz und belegte unter anderem die Reichsstädte Boppard und Oberwesel mit Geldstrafen. Es ist überliefert, dass nach der Beisetzung Werners in der Kunibertkapelle oberhalb der Stadt Bacharach dort bald seine kultische Verehrung einsetzte. Vermeintliche Wunder am Grabe förderten den Zustrom von Pilgern, so dass ab 1289 ein hochgotischer Neubau errichtet werden musste. Heiligenviten des 14. Jahrhunderts schmückten die historischen Begebenheiten aus und erhoben anscheinend erstmals den Vorwurf, an Werner aus Womrath sei ein Ritualmord verübt worden. In den zwanziger Jahren des 15. Jahrhunderts scheiterte ein Versuch, die offizielle Heiligsprechung Werners zu erwirken. Allerdings gelang die Fertigstellung der prächtigen „Wernerkapelle" im Jahrzehnt darauf (seit 1689 Ruine, Gedenktafel 1997). Im katholischen Oberwesel, wo man um 1300 gleichfalls eine „Wernerkapelle" errichtet hatte, währte die Verehrung Werners bis weit in das 20. Jahrhundert hinein.

Zu Beginn des 14. Jahrhunderts fand eine Intensivierung des Zuzugs von Juden statt. Vor allem der Trierer Erzbischof Balduin von Luxemburg betrieb, den Blick auf die fiskalischen Vorzüge gerichtet, eine systematische Ansiedlung von Juden in jedem größeren Amtsort des Erzbistums Trier. Die von ihm geübte Praxis, individuelle und befristete Schutzverträge mit bestimmten Privilegien zu erteilen, wurde zunehmend auch für die Nachbarterritorien üblich. Vom Kaiser erhielten unter anderem die jeweiligen Herren von Beilstein (1309), Katzenelnbogen (1312) und Sinzig (1316) das Recht zur Judenansiedlung. Unter König Ludwig dem Bayern erreichte die Vergabe entsprechender Privilegien in den 1330er Jahren einen quantitativen Höhepunkt. Der machtbewusste Trierer Kurfürst, der Hofjuden in seinem direkten Umfeld hatte, trieb seine territorialpolitischen Ziele durch geschickte Instrumentalisierung jüdischer Finanzkraft vehement voran. Indem sich stets kapitalbedürftige Adelige bei erzstiftischen Juden verschuldeten, gerieten sie zusehends in Abhängigkeit gegenüber dem Trierer Erzbischof. Denn dieser konnte aufgrund der direkten Verfügungsgewalt das Schuldverhältnis unvermittelt selbst übernehmen. Bevor es jedoch in der Vorderen Grafschaft Sponheim-Kreuznach soweit kommen konnte, initiierte der insolvente Graf Walram 1337 einen Pogrom gegen alle erzstiftischen Juden in Kirchberg. Lediglich diejenigen, welche fünf Jahre zuvor nicht an Balduin übereignet worden waren, sondern weiterhin Walram unterstanden, wurden geschont.

Durch ein Täuschungsmanöver sollte die Tat der so genannten Armleder-Bewegung angelastet werden. Diese vielschichtige soziale Erhebung, die 1336 in Franken ausgebrochen war, hatte auch das Mittelrheingebiet erreicht und

Grabstein der Jüdin
Hanna aus dem
14. Jh., aufbewahrt in
der Koblenzer Lieb-
frauenkirche, wohin er
nach Auflassung des
Friedhofs (gegen 1418)
als Baumaterial ver-
bracht worden war.

zu Pogromen gegen Juden geführt. In Oberwesel und Boppard erfüllte das Vorgehen der
beteiligten einheimischen „Judenschläger" neben der Möglichkeit der Schuldentilgung
zugleich eine Ventilfunktion gegenüber der
ungeliebten Herrschaft Balduins, an den beide
Städte seit 1312 verpfändet waren. Als Schutz-
herr der getöteten Juden zog dieser die Städte
1337 zur Rechenschaft und erhob zugleich
Anspruch auf vormals jüdischen Besitz. In der
zu diesem Zweck vorgenommenen Auflistung
der jüdischen Außenstände spiegelt sich die

Rolle der Juden als vorwiegende Kleinkreditgeber wider.

Ein verheerendes Ereignis für die europäischen Juden stellten die 1348 einsetzenden Pogrome im Zusammenhang mit der Pest dar. Das unerklärliche Wüten des so genannten Schwarzen Todes führte zu einer panischen Hysterie in der Bevölkerung. Man glaubte dem Gerücht, die Juden trügen als Brunnenvergifter Schuld am Massensterben. Kaum eine der mittelrheinischen Judengemeinden blieb von den sich von Süden nach Norden ausbreitenden Pogromen verschont. Ungeachtet von Schutzzusagen wurden schließlich im Spätsommer 1349 auch die Koblenzer Juden Opfer fanatischer Gewalt. Vielerorts waren die jüdischen Gemeinden ausgelöscht worden. Die wenigen Überlebenden kehrten mitunter bald zurück, so schon 1351 die Witwe Margarethe Bonefant mit ihren drei Söhnen nach Koblenz, wo es im Vorjahr Bestrafungen der Täter gegeben hatte.

In der Folgezeit wählten Rückkehrer Orte einstmals größerer Judengemeinden beziehungsweise Städte mächtiger Landesherren, da sie sich dort effektiveren Schutz von ihnen versprachen. Stellvertretend seien Cochem und Münstereifel (je 1355), Bingen (1357) sowie Andernach (vor 1360) genannt. Die rechtliche Situation der Juden hatte sich verschlechtert und vormaliger Judenbesitz war als Lehen an Christen gegeben worden, beispielsweise der Oberlahnsteiner Judenschulhof (1349) oder die Bopparder Synagoge (1356).

Bezeichnenderweise hatte sich schon bald wieder ein bedeutender jüdischer Kapitalmarkt entwickelt. Seit Ende der 1350er Jahre halfen jüdische Finanziers aus Koblenz der Stadt Andernach über fast zwei Jahrzehnte hinweg immer wieder in Geldnöten. In Cochem konnte sich gar ein überregional aktiver Geldverleih etablieren.

Am Ausgang des 14. Jahrhunderts erreichten Maßnahmen gegen Juden abermals eine neue Qualität, da sie nun auf herrschaftliche Anordnung hin geschahen. König Wenzel verfügte 1390 die so genannte Judenschuldentilgung, die sämtliche Christen umgehend von ihren Schulden bei Juden befreite. Nach diesem Vorbild kam es später zu individuellen Schuldentilgungen, zum Beispiel durch den Trierer Erzbischof Werner von Falkenstein (1411). Jüdische Geldgeber reagierten anscheinend darauf, indem sie sich verstärkt kleineren Kreditgeschäften im bäuerlichen Umfeld zuwandten. Im September 1390 ließ der Pfalzgraf bei Rhein Ruprecht II. Juden aus seinem Territorium, darunter auch Bacharach, vertreiben. Obwohl die Aktion nur von kurzer Dauer war, bildete dies den Auftakt zu umfassenden Judenausweisungen im 15. Jahrhundert (Erzstift Trier 1418, Stadt Köln 1424 und Mainz 1438). Vor dem Hintergrund eines vielschichtigen, seit Jahrhunderten ausgebildeten Antijudaismus, glaubte man, angesichts geänderter ökonomischer Strukturen, insbesondere der Währungssituation, der ungeliebten jüdischen Finanzspezialisten nicht mehr zu bedürfen. Die Ausgewiesenen zogen häufig ins Umland (Region Koblenz) oder in „judenfreundliche" Herrschaften, wie zum Beispiel nach Beilstein, wo es nie eine Vertreibung gegeben hatte.

Alle Vertreibungen waren nicht von Dauer. Indes bildete um die Mitte des 15. Jahrhunderts allein Bingen ein jüdisches Zentrum mit Hochschule (Jeschiwa) am Mittelrhein. Privilegierte Juden erhielten im Kurfürstentum Trier seit dem frühen 16. Jahrhundert wieder Schutzbriefe (Boppard 1505). Nachdem bereits 1518 einige Familien in Koblenz lebten, konnte sich die Stadt, zumal nach der begrenzten Wiederzulassung 1547 (34 Familien im Kurfürstentum), erneut zu einem zentralen Ort des Judentums am Mittelrhein entwickeln.

Danach wurden allerdings immer wieder Vertreibungsedikte erlassen, wobei deren stete Wiederholung beziehungsweise Verschärfung darauf schließen lässt, dass sie keineswegs den gewünschten Erfolg hatten.

Während Juden in den kleinen Nachbarherrschaften weiterhin unbehelligt lebten (Beilstein, Rheineck), hatten Glaubensbrüder in Andernach permanente Konflikte mit der Bürgerschaft auszustehen. Das führte schließlich 1591 zum Ratsbeschluss, der Judenwohnungen nur noch in der Judengasse erlaubte. Fünf Jahre später gestand der kurkölnische Landesherr, Erzbischof Ernst I., der Stadt zu, überhaupt keine Juden mehr in ihren Mauern dulden zu müssen.

Bislang ist mitnichten geklärt, ob die städtischen Judenvertreibungen des 15. und 16. Jahrhunderts auf direktem Wege zum Landjudentum führten. Die traditionelle Beschränkung ihrer Erwerbsquellen legte die auf dem Land lebenden Juden auf Geldgeschäfte sowie Handel mit Kleinwaren, Vieh beziehungsweise Tierprodukten fest.

Im Mittelalter herrschte keineswegs eine einheitliche Sicht „der Christen" auf „die Juden". Das Bild der Anhänger der Religion Mose unterlag durchaus Wandlungen. Vor dem 12. Jahrhundert galten Juden gemäß christlichem Verständnis als Repräsentanten einer veralteten, überwundenen Religion. Zugleich sah man sie quasi als Zeugen für die historische Wahrhaftig des Erscheinens Jesu, des Messias, an. Einerseits führte dies zu Vorgaben, die Aspekte von Toleranz (Verbot der gewaltsamen Bekehrung) aufweisen, andererseits konnten Juden unversehens als Feinde Christi verfolgt werden.

Die außerhalb der christlichen Gesellschaft angesiedelten Juden, wurden als „Fremde" später zunehmend mit antijudaistischen Ressentiments konfrontiert. Das Spektrum reichte von der Kennzeichnungspflicht bis zu Übergriffen. Neben Laien taten sich überwiegend Angehörige des niederen Klerus oder der Bettelorden hervor, die mit ihren Predigten zur Aufwiegelung gegen Juden sorgten. Zwar bedauerten auch hochrangige Kirchenvertreter die „Verblendung" und „Verstocktheit" der Juden gegenüber der christlich-messianischen Lehre, doch lehnte man in Übereinstimmung mit dem Kaiser Zwangsbekehrungen ebenso wie Ritualmordvorwürfe strikt ab. Zu keiner Zeit gab es eine Sanktionierung der jüdischen Religionspraxis, ihren Gottesdienst konnten Juden offenbar ungehindert ausüben.

Von Martin Luther wurde die Haltung von Papst und Kirche gegenüber den Juden als unwürdig abgelehnt. 1523 plädierte er für mehr Toleranz und verwies darauf, dass Jesus ein geborener Jude war. Ein gutes Jahrzehnt später hatte sich seine Meinung jedoch gänzlich gewandelt. Er rechtfertigte Vertreibungen und betrachtete Juden fortan als „bitterer Feind" der Christen. Martin Luther hatte die theoretische Grundlage für die Politik der protestantischen Fürsten geliefert, die sich jedoch im Einzelnen durchaus pragmatisch gestalten konnte. Der katholische Kaiser Karl V. gewährte 1544 hingegen umfassende Schutzgarantien, die im Prinzip jahrhundertelang aufrechterhalten wurden. Ab dem 16. Jahrhundert versuchten Territorialherren, ihr Interesse an effizienter Kontrolle ihrer jüdischen Untertanen und zugleich eine Trennung von christlichem und jüdischem Lebensbereich durch Festlegungen in Regelwerken durchzusetzen. Auf der Basis von älteren, städtischen Ordnungen wurden landesherrliche Judenordnungen erlassen. Diejenige des Landgrafen Philipp des Großmütigen von Hessen (1539) diente als Vorbild für viele spätere. Für Juden ergab sich in der Folge eine stärkere Reglementierung ihrer Lebenswelt. Ebenso wie die kurkölnische Judenordnung von 1599 wurde die kurtrierische von 1618 bis zum Ende des Alten Reiches immer wieder fortgeschrieben. Allen Judenordnungen ist gemeinsam, dass sie nicht die religiös-kulturellen Besonderheiten der Juden, sondern ausschließlich das finanzielle beziehungsweise fiskalische Interesse des Landesherren im Blick hatten und insbesondere die jüdische Erwerbstätigkeit genau regelten.

Vom 17. Jahrhundert bis zum Ende des Kaiserreiches

In der zweiten Hälfte des 17. Jahrhunderts sind vielerorts neue Judenansiedlungen zu verzeichnen, beispielsweise im Westerwald oder Hunsrück. In der Grafschaft Wied-Neuwied wurde unter anderem der Zuzug von Juden besonders gefördert, da der Landesherr den Ausbau seiner neuen Residenzstadt Neuwied vorantreiben wollte. Die Gewährung von Religions- und beschränkter Gewerbefreiheit hatte dazu geführt, dass 1739 bereits achtzehn jüdische Familien in Neuwied lebten. In Kurtrier war die Anzahl der zugelassenen Judenfamilien auf insgesamt 165 beschränkt worden. Jeder Familienverband musste zudem ein Mindestvermögen nachweisen können.

Im 17. und insbesondere im 18. Jahrhundert bildete sich eine stärkere soziale Schichtung innerhalb der jüdischen Bevölkerung heraus. Die Entwicklung der merkantilistischen Fürstenstaaten nach dem Dreißigjährigen Krieg eröffnete privilegierten Juden die Möglichkeit, sich in die herrschaftlichen Hofverwaltungen zu integrieren und entsprechend zu profitieren. Diese Hofjuden nahmen eine Sonderrolle ein und beherrschten den einträglichen Geld- und (Luxus-)Warenhandel. Am anderen Ende der jüdischen Sozialskala stand die ungleich größere und wachsende Zahl der verarmten Juden. Sie hatten keine Chance, in den Städten zu überleben und mussten folglich in ländliche Bereiche ausweichen und sich dort zum Beispiel als mobile Kleinsthändler durchschlagen. Viele bekamen ihr Schutzgeld aufgrund von Mittellosigkeit vom Landesherrn gestundet oder ganz erlassen. Oft nahmen ordentliche Schutzjuden verarmte Verwandte als „Gesinde" auf, um sie vor Ausweisung zu schützen. Diejenigen deren Chance auf soziale Integration abhanden gekommen war, wurden von christlicher Seite ab dem 18. Jahrhundert mit dem Begriff „Betteljuden" belegt. Nicht selten endeten diese als Landstreicher.

Mit der Verländlichung der jüdischen Siedlungsstrukturen wuchs die Bestandsgefährdung lebensfähiger Gemeindeeinheiten. Neben dem Gemeindevorsteher, der administrative Tätigkeiten ausübte, waren Rabbiner für religiös-kultische, schulische und rechtliche Belange zuständig. Für das trierische Niederstift (Koblenz) gab es ab 1708 einen eigenen Rabbiner.

Es hat den Anschein, dass sich das Verhältnis von Juden zur christlichen Nachbarschaft seit dem 17. Jahrhundert in gewissem Maße entspannte. Kontakte zwischen der christlichen und jüdischen Bevölkerung ergaben sich in erster Linie über Geschäftsbeziehungen. Aus der jeweiligen Sicht des Anderen manifestierten sich die trennenden Aspekte insbesondere in den verschiedenen Feiertagen und Riten. Außerdem hoben sich Juden bereits im Erscheinungsbild durch Barttracht, Kopfbedeckung und zeitweise vorgeschriebene Erkennungszeichen von den christlichen Einwohnern ab. Warnungen von Rabbinern vor dem Verlust der jüdischen Identität weisen auf den Einfluss der christlichen Umwelt hin. Sabbatdienste von Christen bei Juden boten private Kontaktmöglichkeiten und wurden daher, obwohl zumeist seit dem 17. Jahrhundert geduldet, von Christen gelegentlich misstrauisch beäugt. Aufgrund der rechtlichen Sonderstellung der Juden waren Konflikte in bestimmten Bereichen vorprogrammiert. Immer wieder wurden im 17. und 18. Jahrhundert Vorwürfe seitens der Zünfte von unzulässigem Sonn- und Feiertagshandel aktenkundig. Aber auch geschäftliche Rücksichtslosigkeit kreidete man Juden an.

Als die Franzosen 1792/94 die Herrschaft im linksrheinischen Gebiet übernahmen, kam es zur Einführung der in Frankreich bereits 1791 beschlossenen Gleichstellung von Juden. Ausgehend vom Gedankentum der Aufklärung vollzog sich nun eine Änderung der offiziellen Judenpolitik, die für das 19. Jahrhundert wegweisend werden sollte. Insofern wohnte dem Abriss des Tores zur Koblenzer Judengasse ein hoher Symbolwert inne. Männern jüdischen Glaubens waren erstmals politische Ämter nicht mehr prinzipiell versagt. In St. Goar konnte beispielsweise 1800–04 ein Jude als Bürgermeister regieren. Es verwundert daher nicht, dass viele Juden für den neuen Staat eintraten. Umso enttäuschender war für sie, dass Napoleon ihre Freiheiten wieder eingrenzte. Zum einen erließ er im März 1808 eine „Konsistorialverfassung", die die Verwaltung der jüdischen Gemeinden regelte und der staatlichen Macht mehr Einfluss zubilligte. Zum anderen verabschiedete der französische Kaiser mit dem „schändlichen Dekret" („le décret infame") eine Sondergesetzgebung für Juden. Diese benötigten fortan zum Handel, Kreditgeschäft und Gewerbebetrieb jährlich ein Leumundszeugnis („Moralitätspatent") des Präfekten. Dennoch war der alte Schutzjudenstatus mit seinen Berufsbeschränkungen, dem Verbot von Landerwerb etc. endgültig überwunden. Ein weiteres Novum für Juden brachte die behördliche Forderung eines erblichen Familiennamens ab Juli 1808 mit sich. Mit der vorgeschriebenen standesamtlichen Registrierung endete die bisherige Praxis der Namensgebung aus Name und Rufname des Vaters.

Als die linksrheinischen Rheinlande nördlich der Nahe Ende Mai 1815 preußisch wurden, blieben die französischen Dekrete für Juden in Kraft, ja wurden partiell sogar verschärft. Von den Ansätzen der Judenemanzipation im übrigen Preußen profitierte man westlich des Rheins nicht. Erst 1847 erkannte der Preußische Landtag die israelitische Religionsgemeinschaft offiziell an und billigte Juden bürgerliche Rechte zu. Da Juden weiterhin Ämter in Schulen und Armee verwehrt blieben, waren sie indes allenfalls Staatsbürger zweiter Klasse. Dies änderte sich erst 1869, als in Preußen das Verbot der Diskriminierung aufgrund der religiösen Weltanschauung erlassen wurde. Eine organisatorische Neuordnung in „Synagogenbezirke" war im preußischen Rheinland kurz vor der Mitte des 19. Jahrhunderts vorgenommen worden. Auf rechtsrheinischer Seite hatte die alte Judenordnung im Herzogtum Nassau, dem 1803 die ehemaligen kurtrierischen Gebiete zugefallen waren, im Wesentlichen noch bis zum 1866 erfolgten Übergang an Preußen Bestand. Mit der Reichsgründung 1871 wurde die rechtliche Gleichstellung der Juden im gesamten Reichsgebiet verbindlich.

Die traditionellen Berufsfelder behielten Juden auch im Laufe der emanzipatorischen Entwicklung des 19. Jahrhunderts größtenteils bei. Wichtigste Erwerbsquelle auf dem Land war, wie im Jahrhundert zuvor, der Viehhandel. Die Bezeichnung „Viehjude" wurde geradezu sprichwörtlich. Nicht nur im Hunsrück und Westerwald gab es Orte, in denen die Mehrzahl der jüdischen Einwohner vom Tierhandel lebte. Für die Händler waren verkehrsgünstige Standorte von großer Bedeutung, weshalb es mit dem Aufkommen der Eisenbahn zu Konzentrationen an den Bahnrouten beziehungsweise -knotenpunkten kam (Kastellaun, Westerburg etc.). Zwischen christlichen Bauern und jüdischen Viehhändlern hatte sich im Lauf der Zeit ein austariertes Beziehungssystem gebildet, von dem beide Seiten profitierten. Jüdische Händler sorgten zum Beispiel für eine allgemein vorteilhafte Distribution von Ochsen. Die Einfuhr neuer Zuchtrassen durch einen Saffiger Juden belebte die Viehzucht der gesamten Region. Oftmals warf der Viehhandel allein nicht genügend Ertrag ab, so dass man auf vielfältigen Nebenerwerb, beispielsweise Handkäseverkauf in Werlau, angewiesen war. Gerade auf Tiermärkten waren häufig jiddische Begriffe zu hören, die allmählich Eingang in deutsche Dialekte fanden (zum Beispiel „Schlamassel").

Klassische Erwerbsquellen, die sich aus der koscheren Nahrungserzeugung ableiteten, waren das Fleischerei- und Backwesen. Die Mazze-Bäckerei Joseph in Laufersweiler erlangte mit deutschlandweiten Exporten sogar überregionale Bedeutung. Jüdische Geschäftsleute der Gründerzeit waren im Lebensmittel- und Kolonialwarenhandel ebenso vertreten wie im Textil- und Bekleidungs- oder Gebrauchsgüterhandel. Einige von ihnen gelangten zu Wohlstand, insbesondere die Betreiber großer Warenhäuser. An verschiedenen Orten stellten jüdische Hoteliers eine beachtliche Größe im Fremdenverkehrswesen dar (Bad Neuenahr). Nach dem Fall der Gewerbebeschränkungen weitete sich das Spektrum jüdischer Berufstätigkeit. Dennoch wurden bestimmte Berufe

Das ehemalige jüdische Kaufhaus Stern in der Kirchstraße zu Montabaur, um 1968.

von Juden nach wie vor bevorzugt ausgeübt, beispielsweise das Schneiderhandwerk. Die Öffnung der Universitäten im Rheinland für Juden erleichterte vor allem die Ausbildung von Medizinern erheblich. Nun musste man nicht mehr auf ausländische Hochschulen ausweichen wie noch Mitglieder der berühmten Familie Wallich aus Koblenz, bei denen sich der Arztberuf bis in das 16. Jahrhundert nachweisen lässt.

Unterricht in Hebräisch und Religionslehre für jüdische Kinder waren vor dem 19. Jahrhundert nicht staatlich institutionalisiert; seit jeher fanden die Unterweisungen in der „Judenschule", dem Betraum, statt. Neben Privatlehrern vermittelten etwa seit den 1820er Jahren auch jüdische Gemeindeschulen entsprechende Bildung in Verbindung mit Elementarunterricht. Die schlecht bezahlten Lehrer waren nicht selten Einwanderer aus Osteuropa. Sie besserten ihre kargen Ein-

Anzeige des jüdischen Kaufhauses Stern in der Kirchstraße zu Montabaur.

25

nahmen oft durch die zusätzliche Funktion als Schlachter oder Vorbeter auf. Meist konnten die finanzschwachen Judengemeinden am Mittelrhein ihren Schulbetrieb nicht dauerhaft aufrechterhalten, so dass der größte Teil der Kinder vor allem seit der zweiten Hälfte des 19. Jahrhunderts christliche Konfessionsschulen aufsuchen musste. Spezielle jüdische Schulbauten waren selten (Mayen 1875, Neuwied 1893, Cochem 1897).

Im Zuge der Judenemanzipation nahm die Präsenz jüdischer Gemeinden in der Öffentlichkeit zu. Sichtbarer Ausdruck dieser Entwicklung, waren die seit der Mitte des 19. Jahrhunderts vereinzelt mit kommunaler Unterstützung erbauten Synagogen. Überall stellte die Einweihung eines jüdischen Kultgebäudes ein freudiges Ereignis für die gesamte Bevölkerung dar. Entsprechend groß war die Beteiligung von Christen an den zugehörigen Feierlichkeiten, Festumzügen, Bällen etc. In Simmern hielten der Landrat und die Priester beider christlicher Kirchen Reden, in denen sie auf gemeinsame Glaubensaspekte hinwiesen. Christen und Juden feierten aber nicht nur zusammen, sondern trauerten auch gemeinsam.

Im Alltag war der Glaube nicht unbedingt der bestimmende Faktor im vielfältigen Umgang von Mitgliedern der Religionsgemeinschaften miteinander. Gerade an Feiertagen bedachten Nachbarn insbesondere die Kinder der jeweils andersgläubigen Gruppe. Am Passafest (Pessach) zur Osterzeit verteilten Juden Mazze (ungesäuertes Brot) und erhielten von Christen im Gegenzug Ostereier. Häufig zündeten Nachbarskinder am Sabbat die Feuer und Lampen in jüdischen Wohnungen an.

Wie im Christentum existieren auch im Judentum unterschiedliche Glaubensrichtungen, deren Spektrum sich zwischen orthodoxer und liberaler Haltung auffächert. Die Lebensfüh-

rung beziehungsweise bestimmte Verhaltens-
weisen aber auch materielle Zeugnisse – zum
Beispiel die Art des Synagogenbaus oder der
Grabgestaltung – lassen Rückschlüsse auf das
Selbstverständnis der jeweiligen Gemeinde
respektive Gemeindemitglieder zu. Am Rhein
und im Hunsrück waren vorwiegend konserva-
tive Gemeinden anzutreffen. Im Gegensatz dazu
zählte die Koblenzer Gemeinde seit der Mitte
des 19. Jahrhunderts zu den liberalsten Gemeinden in Preußen. Der dortige Gottesdienst
wurde in deutscher Sprache und mit Orgel-
begleitung gefeiert.

Mit Erlangung der politischen Gleichstellung
durch die Reichsgründung konnten sich Juden
politisch engagieren und Ämter übernehmen,
was sie bis zum Beginn der nationalsozialistischen Herrschaft in vielfältiger Form taten.
Kommunale Mandatsträger bis hin zum stell-
vertretenden Bürgermeister (Bad Ems) fanden
sich allenthalben. Überregional bekannt wurde die sozialdemokratische Frauenrechtlerin
Johanna Löwenherz (1857–1937), die sich seit
dem späten 19. Jahrhundert deutschlandweit
für die Rechte von Arbeitern und Frauen einsetzte und testamentarisch die Gründung einer
„Frauenstiftung" verfügte. Erst 1986 konnte der
Landkreis Neuwied diesen Wunsch mit der
Schaffung der „Johanna Löwenherz-Stiftung"
erfüllen. Seit 1989 steht ein Gedenkstein vor
ihrem Haus am südlichen Ortseingang von
Rheinbrohl.

Äußerst rege und vielgestaltig war das Engagement von Juden in der gesamten Bandbreite
des Vereinslebens seit der Mitte des 19. Jahrhunderts, wobei sich auch rein jüdische Or-
ganisationen bildeten, zum Beispiel „israelitische Frauenvereine" (Neuwied 1893). Eine
wichtige medizinische Einrichtung war die
1869 von Meier Jacoby gegründete „Israelitische Heil- und Pflegeanstalt für Nerven- und

Gemüthskranke" in Bendorf-Sayn. In dem 1898/99 erweiterten Komplex, der eine eigene Synagoge besaß, wurden jüdische Patienten aus dem Reichsgebiet in Übereinstimmung mit den rituellen Vorschriften versorgt. Die in einen Park eingebettete Anlage war nach 1940 die einzige Versorgungsanstalt für psychisch erkrankte Juden in Deutschland. Seit 2002 erinnert ein Mahnmal am Eingang der heute als Haus der Integration behinderter Menschen genutzten Einrichtung an die von dort aus Deportierten. Ein Beispiel für gemeinsames karitatives Handeln stellt das christlich-israelitische Kinderheim in Diez dar (1888 bis 1935).

Im Laufe der Emanzipation bildete sich bei Juden zunehmend ein Selbstverständnis heraus, das sich treffend im Namen einer Körperschaft ausdrückt: „Zentralverein deutscher Staatsbürger jüdischen Glaubens". Die patriotischen Aufrufe des Vereins zur Teilnahme am Ersten Weltkrieg sollten bedingungslose Staats- und Kaisertreue demonstrieren und hatten entsprechende Resonanz. Antijüdische

Ehemalige „Israelitische Heil- und Pflegeanstalt für Nerven- und Gemüthskranke" in Bendorf-Sayn.

Kreise betrieben dennoch in bewusster Verkennung der Realität Propaganda über mangelnden Kriegseinsatz von Juden. Der „Reichsbund jüdischer Frontsoldaten" versuchte, dieser Agitation entgegenzuwirken. Diese „Kriegsopferdebatte" zeigt anschaulich, dass sich trotz formaler Gleichstellung antijüdische Ressentiments gehalten beziehungsweise verstärkt hatten. Vorurteile gegen Juden wurden nun allerdings nicht mehr religiös, sondern biologisch begründet. Die Anfänge eines solchermaßen rassistischen Antijudaismus, der eine angebliche Minderwertigkeit von Menschengruppen aufgrund pseudowissenschaftlicher Rassentheorien postulierte, lassen sich bis ins 18. Jahrhundert zurückverfolgen. Derartiges Gedankengut fand beachtliche Verbreitung und schlug sich zum Teil in skurriler Form nieder, wie die seit 1893 in Höhr-Grenzhausen produzierten so genannten „Antisemitenkrüge" zeigen, auf denen man Juden in Wort und Bild verhöhnte. Eine Konsequenz aus der Erkenntnis, dass im gründerzeitlichen Deutschland und darüber hinaus zwar die rechtliche, nicht aber die soziale Diskriminierung überwunden war, stellte der Zionismus dar. Führende Vertreter dieser Bewegung waren die aus Bad Breisig stammenden Brüder Julius und Alfred Berger.

Grabstein eines im Ersten Weltkrieg gefallenen jüdischen Soldaten, Gemünden/Hunsrück.

29

Das 20. Jahrhundert

Nach dem Ersten Weltkrieg blieb das ambivalente Bild von antijüdischen Vorbehalten bestimmter Gruppierungen oder Institutionen einerseits und einem „normalen" Alltag mit nachbarschaftlichem Miteinander andererseits bestehen. Mit der Machtübernahme durch die NSDAP änderte sich die Situation grundlegend, indem antijüdisches Gedankengut staatstragend wurde. Behördliche Restriktionen und Parteiwillkür bedrängten das Leben der jüdischen Bevölkerung in zunehmendem Maße, nachdem zuerst Kommunisten und andere Gegner des faschistischen Regimes dessen schonungslose Brutalität hatten erfahren müssen. Die gegen Juden eingeleiteten Maßnahmen wurden immer drastischer – angestrebt waren die soziale und ökonomische Isolierung. Zunächst erfolgten ein Boykott jüdischer Geschäfte und Praxen (Auftakt am 1. April 1933), dann Berufsverbote, Ausschlüsse aus Vereinen und Zutrittsverbote für öffentliche Einrichtungen usw. Schilder mit der Aufschrift „Juden unerwünscht" fanden sich nicht nur an „deutschen" Geschäften, sondern auch an Dorfeingängen (unter anderem in Miehlen). Mit den so genannten Nürnberger Gesetzen wurde Juden das deutsche Staatsbürgerrecht aberkannt und Verkehr mit Ariern unter Strafe gestellt.

Vergleichsweise lange dauerte die Ausschaltung der jüdischen Viehhändler durch gezielte Kriminalisierungskampagnen, denn die Bauern wollten die gute Geschäftstradition mit den Händlern, die mitunter auch Kleinkredite gewährten, nicht missen (unter anderem in Kastellaun). Einen weiteren schweren Eingriff in die jüdische Lebenswelt stellte das Verbot der Schächtung dar.

Nachdem sich ein Anlass ergeben hatte, wurde am 9./10. November 1938 ein bereits länger geplanter Pogrom inszeniert, womit die Phase allgemeiner, organisierter physischer Gewalt gegen Juden begann. Zumeist ortsfremde Rollkommandos von SA und SS in Zivil demolierten, brandschatzten und plünderten Synagogen sowie jüdische Geschäfte und Wohnungen. An der als spontaner „Ausbruch des Volkswillens" getarnten Aktion beteiligten sich Einheimische in unterschiedlichem Ausmaß. Schaulustige, die die Täter nicht selten anfeuerten, gab es fast überall. Mancherorts forderten Lehrer ihre Schüler zur Mithilfe am Zerstörungswerk auf (Lahnstein, Dierdorf). Hingegen wurde die Feuerwehr fast ausnahmslos am Löschen gehindert. Bei Wohnungserstürmungen kam es zu schrecklichen Misshandlungen von Juden. Anschließend wurden Männer über sechzehn Jahre, allein hundert aus Koblenz, inhaftiert und monatelang in Konzentrationslagern interniert. Im Anschluss an die von den Nationalsozialisten zynisch benannte „Reichskristallnacht" forcierten diese die Arisierung, das heißt die Übernahme jüdischer Geschäfte und Betriebe. Unter dem Eindruck jener Ereignisse flüchteten Juden, welche dazu noch in der Lage waren, aus

Die Andernacher Synagoge kurz nach der Zerstörung 1938.

Deutschland. Nachdem dies nicht mehr möglich war, wurden die Zurückgebliebenen in so genannten Judenhäusern konzentriert und oft zu Zwangsarbeit herangezogen (zum Beispiel in Friedrichsegen bei Oberlahnstein). Die Liste der Repressalien, die jene Menschen bis zu ihrer Deportation in die fabrikmäßig organisierten Todeslager in Osteuropa 1942 erleiden mussten, ist lang. Die nationalsozialistische Ausrottungspolitik hatte es vermocht, die jahrhundertealte Siedlungsgeschichte von Judengemeinden auch am Mittelrhein zu beenden. Am Beispiel der Juden Montabaurs zeigt sich die Dimension der Vernichtung: Von den 72 im Jahre 1933 gezählten jüdischen Einwohnern war 41 die Ausreise gelungen, waren 28 ermordet worden und hatten drei überlebt. Zur Wiederbelebung einer jüdischen Gemeinde in unserer Region kam es allein in Koblenz. Dort lebten von den einst etwa 600 Mitgliedern am Ende des Zweiten Weltkriegs noch 25 Personen.

In der Nachkriegszeit wurden die abscheulichen Geschehnisse, die Juden durch ihre Mitmenschen zu erleiden hatten, nicht thematisiert. Dieser kollektiven Verdrängung wurde erst in den 1960er Jahren punktuell eine Auseinandersetzung mit dem jüdischen Teil der deutschen Geschichte entgegengestellt, zum Beispiel mit der Ausstellung „Monumenta Judaica – 2000 Jahre Geschichte und Kultur der Juden am Rhein" 1964 in Köln. Die juristische Aufarbeitung der Verbrechen an Juden verlief äußerst unbefriedigend.

Als der zeitliche Abstand zur Schoah (hebr. Katastrophe) größer geworden war und sich der fünfzigste Jahrestag der Reichspogromnacht näherte, setzte vielerorts erstmals vor Ort eine Beschäftigung mit der lokalen Geschichte der Juden ein. Nicht selten erforschten junge Menschen, oft Schüler, das einstige jüdische

Gedenkstein für die unter nationalsozialistischer Herrschaft ermordeten Juden auf dem jüdischen Friedhof in Koblenz.

Leben und dessen Ende. Insbesondere 1988 wurden Gedenksteine in Erinnerung an die Ereignisse der „Reichskristallnacht" und die jüdischen Opfer der Gewaltherrschaft aufgestellt. Besonders eindrucksvoll ist beispielsweise die Gedenkstätte in Meudt gestaltet. Bisweilen erhielten die vielerorts umbenannten Judengassen ihren angestammten Namen zurück, so in Bendorf (1988) oder Hachenburg

(1997). Veranlasst wurden solche Aktivitäten durch bürgerliches Engagement. In Montabaur ist dies einer Schülergruppe zu verdanken (1995). Von der Möglichkeit, das Andenken an einstige jüdische Mitbürger durch Straßenbenennungen wachzuhalten, machte man zum Beispiel in Niederlahnstein 1995 durch die Schaffung der Dr.-Max-Bachenheimer-Straße Gebrauch.

Seit längerem arbeiten auch staatliche Stellen den jüdischen Anteil an der Geschichte unseres Bundeslandes heraus. Die Landesarchivverwaltung Rheinland-Pfalz erstellte in Verbindung mit dem Landesarchiv Saarbrücken 1972 bis 1982 eine zwölfbändige „Dokumentation zur Geschichte der jüdischen Bevölkerung in Rheinland-Pfalz und im Saarland von 1800 bis 1945". Das Landesamt für Denkmalpflege Rheinland-Pfalz bemüht sich seit den 1980er Jahren intensiv um die Erfassung und den Erhalt jüdischer Kulturdenkmäler, insbesondere von Friedhöfen und Synagogen. Viele Fördervereine und Einzelpersonen kümmern sich vorbildlich um das jüdische Erbe, das nicht mehr durch eine jüdische Gemeinde belebt werden kann.

Was bleibt, sind die Erinnerung, die Erkenntnis des Verlusts und das Bemühen um ein neues Miteinander.

2 Aspekte jüdischer Religiosität

Innerhalb des mitteleuropäischen Judentums gab es immer unterschiedlich ausgerichtete Gruppierungen. Allen gemeinsam war jedoch der Minderheitenstatus in ihrer jeweiligen Umgebung, der sich angesichts der christlichen Mehrheitsbevölkerung von selbst ergab. Obwohl sich Christen und Juden auf dieselben Wurzeln ihres im Nahen Osten herausgebildeten monotheistischen Glaubens berufen konnten (und können), bemühte man sich stets um Abgrenzung. Die jüdische Religion basiert auf den in christlicher Interpretation „alttestamentarischen" Texten der Bibel. Im Zentrum stehen dabei die fünf Bücher des Religionsstifters Mose (griech. Pentateuch, hebr. Tora). Dieses altisraelitisch-jüdische Gedankengut ist Grundlage und Voraussetzung für das Christentum und den Islam. Beispielsweise prägte der endzeitliche Erlösungs- und Auferstehungsgedanke die Glaubensvorstellungen jener Religionen. Während Juden das Erscheinen des verheißenen, kommenden Erlösers (Messias) erwarten, ist für Christen Jesus von Nazareth dieser Messias. Dass Jesus praktizierender Jude

Tora aus der Synagoge in Koblenz.

war, blieb im Christentum insbesondere durch die Überlieferung des so genannten „Neuen Testamentes" stets bewusst, wurde aber zunehmend „verdrängt". Auch Martin Luthers Hinweis darauf hatte diesbezüglich keine nachhaltige Wirkung. In gleichem Maße wurden der jüdische Ursprung des von Jesus gesprochenen Vaterunsers oder die „Vorlagen" jüdischer Festtermine und Kulthandlungen für die christliche Praxis „vergessen".

Mit der Bestimmung des Christentums zur Staatsreligion am Ende des vierten Jahrhunderts hatte diese Religionsgemeinschaft, deren Entstehen aus jüdischer Sicht eine Abspaltung vom Judentum darstellt, die alleinige staatliche Legitimation erhalten. Den mittelalterlichen Juden wurde trotz räumlicher Wohnnachbarschaft nur der Status von Fremden zugestanden, allerdings galten sie nicht als „geächtete" Heiden. Man legte ihnen die Ablehnung von Jesus beziehungsweise der göttlichen Dreieinigkeit als Verstocktheit aus. Sowohl in rechtlicher als auch sozialer Hinsicht hatten sie eine Sonderstellung inne. Das Zusammenleben von Christen und Juden im Mittelalter war durch die unterschiedlichen Glaubensvorstellungen und abweichende Lebensgestaltung aufgrund der jeweiligen Religionsausübung bestimmt. Im Lauf der Zeit mehrten und verfestigten sich Vorurteile und Vorbehalte von christlicher Seite, so dass unter bestimmten Voraussetzungen eine existenzielle Bedrohung entstehen konnte. Aufgrund des endogamen Heiratsverhaltens bildete die Gruppe der jüdischen Menschen eine „stabile" Minderheit aus. Dies hing einerseits mit Abgrenzung seitens der christlichen Umgebung zusammen, andererseits aber auch mit dem jüdischen Selbstverständnis. Nach diesem gilt das jüdische Volk als von Gott erwählt, mit ihm ging er einen Bund ein. Die Zugehörigkeit zum Volk der Juden, das keine eigene Ethnie darstellt, definiert sich über die Geburt von einer jüdischen Mutter. Die Aufnahme in den Bund, den Abraham, der Stammvater des Volkes Israel, mit Gott geschlossen hat, wird durch die Beschneidung der Knaben am achten Tag nach der Geburt rituell vollzogen. Bei der Zeremonie, die durch den religiös geschulten und medizinisch kompetenten Mohel (Beschneider) vorgenommen wird, sollen als symbolische Verkörperung des Volkes zehn mündige Juden anwesend sein. (Ein freier Stuhl weist auf die angenommene Anwesenheit des besonders ausgezeichneten Propheten Elias hin.)

Im Alter von 13 Jahren wird ein Jude mit seinem Namen, den er bei der Beschneidung bekommen hat, erstmals in der Synagoge zum Vorlesen aus der Tora aufgerufen. Der Bar Mizwa („Sohn der Pflicht" oder „Sohn des Gebots") genießt fortan als vollwertiges Mitglied der Gemeinde sämtliche Rechte und Pflichten. Zum Gebet dürfen nunmehr die Tefillin angelegt werden. Dies sind Lederriemen mit Kapseln für bestimmte Tora-Texte, die in spezieller Art am

Jude mit Gebetsriemen und Gebetsschal.

37

Kiddusch-Becher mit Segensspruch für den Feiertagswein.

linken Arm und am Kopf befestigt werden. Zur Gebetsausstattung gehört ferner ein Gebetsschal (Tallit), der mit Schaufäden (Zizit) versehen ist und eine Kopfbedeckung (Kippa).

Ausgehend von den biblischen Texten und traditionellen Überlieferungen hatten jüdische Gelehrte einen Verhaltenskodex zur Vorbereitung auf das Erscheinen des Messias erarbeitet. Im Talmud sind diese Regeln, die den jüdischen Lebensalltag bis ins Detail bestimmen, festgelegt. Der Talmud besteht aus der Mischna, einer um 200 n. Chr. entstandenen Fixierung der mündlichen Lehre und der Gemara, in der sich wiederum Hinweise zur angebrachten Lebensführung (Halachot) und fromme Erzählungen (Haggadot) vereinigen. Durch das Ausüben der religionsgesetzlich begründeten Bestimmungen (Halacha) unterschied sich der Alltag von Juden auffällig von dem der christlichen Umwelt.

Das zeigen bereits die unterschiedlichen Feiertage. Als Wochenfeiertag gilt der Samstag, der Sabbat, jener Tag, an dem Gott nach Erschaffung der Welt ruhte. Die frühen, noch den jüdischen Wurzeln verhafteten Christen heiligten zunächst ebenfalls den Samstag, bis auf dem Konzil von Nicäa (325 n. Chr.) der Sonntag als Tag der Auferstehung Christi Feiertagstatus erhielt. An dem gottgegebenen Ruhe- und Feiertag sind Juden jegliche Arbeit, zum Beispiel auch Feueranzünden oder Friedhofsbesuche untersagt; Wege von bestimmter Länge dürfen nicht überschritten werden. Der Sabbat soll allein der Andacht, insbesondere dem Studium des Talmud, und dem Gottesdienst gewidmet sein. Sämtliche Vorbereitungen für den Höhepunkt der Woche müssen folglich bereits am Freitag getätigt werden. Nach jüdischem Zeitverständnis reicht eine Tagesspanne von einem Sonnenuntergang bis zum nächsten. Somit beginnt auch der Sabbat mit dem Sichtbarwerden von drei Sternen am Abendhimmel. Bei der Eröffnung des Sabbats am Freitagabend kommt der Hausfrau eine tragende Rolle zu. Nach der Heimkehr der Männer vom Abendgebet, entzündet und segnet sie die beiden Sabbatkerzen. Vor dem gemeinsamen Mahl lobt der Familienvorstand die Frau des Hauses und spricht den Segen über Wein und Brot. Der Sabbatmorgen ist dem gemeinsamen Gottesdienst in der Synagoge vorbehalten. Dort werden die Tora-Rollen ausgehoben und die vorgeschriebenen Textpassagen feierlich verlesen. Der Sabbat endet mit einem würdig begangenen Mahl, zu dem wiederum Wein und auch Duftessenzen gehören. Das Verlöschen der Kerzen symbolisiert zugleich das Ende des Wochenfeiertags. Um nicht in Konflikt mit den Religionsvorschriften zu kommen, beauftragten jüdische Familien nicht selten eine christliche Magd oder Nachbarin mit unterstützenden Tätigkeiten im Haushalt, vor allem dem Feuermachen. Für diese Frauen war zum Beispiel im Hunsrück der Begriff „Schawesmagd" gebräuchlich.

Das Studium des Talmud am Abend, insbesondere aber am Sabbat, galt als vornehme Beschäftigung für Juden. Fast alle Juden des Mittelalters waren des Lesens kundig, und ihr sozialer Status wurde vor allem am Grad der Gelehrsamkeit gemessen.

Auch die übrigen Feiertage im auf die Mondphasen abgestimmten Jahreslauf unterscheiden sich von denen der Christen. Das Neujahrsfest (Rosch ha-Schana) wird im Herbst mit dem Blasen eines Bock- oder Widderhorns (Schofar) begangen. Der Fasttag Jom Kippur (Versöhnungstag) gilt als höchster Feiertag. Mit ihm endet die zehntägige Bußzeit, deren Abschluss nach lokalem Brauch ein Heringsessen bilden kann. Zwei Feste erinnern an die Überwindung der ägyptischen Knechtschaft und den Auszug aus dem Land der Pharaonen. Vor dem achttägigen Pessach-Fest (Passa) erfolgt eine gründliche Hausreinigung. Festauftakt ist das Festmahl am Abend mit vorgeschriebener Speisenfolge. Es darf dabei lediglich zur Erinnerung an die übereilte Flucht aus Ägypten, ungesäuertes Brot (Mazzen) verzehrt werden. Bereits am Eröffnungsabend, dem Sederabend, wird aus der Haggada, einer Textsammlung über den Auszug aus Ägypten, rezitiert. Aus dem ursprünglich herbstlichen Erntefest Sukkot (Laubhüttenfest) entwickelte sich ein rund siebentägiges Fest, währenddessen die Familie in einer eigens errichteten und mit Blattwerk dekorierten Hütte lebt beziehungsweise speist. Es erinnert an die Behausungen während der 40tägigen Wüstenwanderung aus Ägypten. Ein Erntefeiertag ist auch das so genannte Wochenfest (Schawuot).

Daneben basieren mehrere feierlich begangene Gedenktage auf nachbiblischer Tradition. Hierzu gehört das Chanukka-Fest, das sich auf eine apokryphe Wunderüberlieferung stützt. Als man nach dem Sieg von Judas Makkabaios' über Antiochos IV. 166 v. Chr. bei der Neuweihe des Jerusalemer Tempels 164 v. Chr. noch eine kleine Menge geweihtes Lampenöl fand, brannte dieses auf wundersame Weise acht Tage lang. Seither wird in jedem jüdischen Haushalt am achtarmigen Chanukka-Leuchter täglich ein weiteres Licht entzündet bis schließlich alle brennen. Das Motiv der sukzessiven Lichterfolge taucht in der christlichen Adventszeit wieder auf. Mit Purim, dem Losfest, gedenkt man

der Rettung persischer Juden durch Esther. Die ausgelassenen Maskenumzüge haben sicherlich Einfluss auf den christlichen Karneval ausgeübt. In der jüdischen Vorstellungswelt spielen rituelle Reinheit und Unreinheit eine große Rolle. Dies schlug sich vor allem in den Speisevorschriften nieder. Tora, Mischna und Talmud legen fest, welche Nahrungsmittel koscher (geeignet) sind. Demnach können von Landtieren lediglich solche verzehrt werden, welche Paarhufer und zugleich Wiederkäuer sind. Schweine scheiden daher als Nahrungsmittel aus. Des

Purimfest im späten 17. Jh.

41

Weiteren müssen erlaubte Seetiere entweder Flossen oder Schuppen aufweisen. Vögel dürfen mit Ausnahme von Raubvögeln gegessen werden. In jedem Fall ist der Verzehr von Blut untersagt, denn Blut gilt im jüdischen Glauben als Sitz der Seele. Folglich musste eine spezielle Schlachtmethode gefunden werden, die ein weitgehendes Ausbluten des Tieres erreichte. Ein besonders ausgebildeter Schlachter (Schochet) schächtet (hebr. schachat – schlachten) das Tier mit einem scharfen und unbedingt schartenfreien Messer, indem er dessen Halsschlagader, Speise- und Luftröhre mit einem raschen Schnitt durchtrennt. Dieser Methode, bei der die Gehirnversorgung schlagartig unterbunden wird, unterstellten Christen oft vermeintliche Grausamkeit und lehnten die Tötungsart ab oder versuchten sie zu verbieten. Das in vorgeschriebener Weise geschlachtete Tier wurde einer Fleischbeschau unterzogen und blieb nur drei Tage rituell genussfähig. Dies zeigt, wie Vorschriften im Zusammenhang mit Fleischverzehr die Gesundheit der ursprünglich aus einer Wüstenregion stammenden Gruppe förderten. Der Schächter war häufig ein Bediensteter der jüdischen Gemeinde und wurde vom jeweils zuständigen Rabbiner kontrolliert. Mit der festgelegten Tötungsart sollte der Tötungsakt des Schlachttieres Bestandteil des religiös-kultischen Systems werden. Vor der Weiterverarbeitung von Fleisch mussten sämtliche Blutreste durch Waschen und Salzen entfernt werden. Der in der Bibel enthaltene Ausspruch, dass ein Zicklein nicht in der Milch seiner Mutter gebraten werden sollte, wurde von jüdischen Gelehrten dahingehend interpretiert, dass Milch- und Fleischprodukte weder miteinander zubereitet noch verzehrt werden sollen. Die konsequente Befolgung dieses Verbots hatte eine strikte Trennung von entsprechendem Geschirr zur Folge.

Für die jüdische Gemeinschaft waren die Vorschriften fester Bestandteil ihrer Kultur und zugleich identitätsstiftend. Arme Gemeindemitglieder konnten auf die religiös begründete Mild- und Wohltätigkeit der Glaubensbrüder zählen. Aus dieser in der Tora verzeichneten Anweisung entwickelte sich eine gemeinschaftliche Fürsorge, die auch in den Beerdigungsbruderschaften (Chewra Kaddischa) Ausdruck fand. Diese innerjüdische Solidargemeinschaft

Jüdischer Trauerzug im 18. Jh.

43

erfuhr jedoch eine Bedrohung durch externen Einfluss, denn arme Juden waren von der staatlichen Obrigkeit nicht gerne gesehen und wurden entweder erst gar nicht zugelassen oder mussten mit Ausweisung rechnen.

Die Erwerbssituation der jüdischen Bevölkerung, aber auch befristete Aufenthaltsgenehmigungen brachten es mit sich, dass die meisten Juden in hohem Maße mobil sein mussten (zum Beispiel Fernhändler). Aus dem Blickwinkel der Christen wirkte dieses scheinbar ruhelose Unterwegssein befremdend. Nach verbreiteter Christenmeinung im Mittelalter war es sträfliches Los der Juden, verstockt und in religiöser Blindheit umherwandeln zu müssen. Dieser Eindruck wurde später mit dem Bild des „ewigen Juden" (Ahasver) missbräuchlich instrumentalisiert.

In größeren Gemeinwesen mit einer entsprechenden Anzahl von jüdischen Familien konnte es zu einer Siedlungskonzentration in einer Judengasse oder auch in eigenen Judenvierteln kommen. Für das Mittelrheingebiet sind insbesondere Bacharach, Bingen, Koblenz und Montabaur in diesem Zusammenhang zu nennen. Die betreffenden Straßen beziehungsweise Viertel waren einzig dadurch gekennzeichnet, das dort ein erhöhter Bevölkerungsanteil von Juden bestand. Weder war ihnen dieser Wohnort vorgeschrieben, noch fehlten dort Christen. Ein bekanntes Beispiel ist Boppard, wo sich ein 1248 erstmalig erwähntes Reichsministerialengeschlecht in Anspielung auf den Wohnort „Unter den Juden" („Inter Judeos") nannte. In Koblenz wohnten die Juden in der Nähe des Florinstifts am zentralen Handels- und Verkehrsplatz, in der ab 1276 erwähnten Judengasse. In Ahrweiler, wo Juden erstmals 1335 mittels einer durch Erzbischof Walram von Köln erlassenen Regelung zum dortigen Fleischverkauf Erwähnung fanden, ist die Judengasse (die heutige Niederhutstraße) noch im 15./16. Jahrhundert belegt. Die von Juden bewohnten Straßen hießen nicht zwangsläufig Judengassen, wie zum Beispiel in Bingen ab 1296. In Andernach konzentrierten sich die Häuser der Juden in der Kramstraße. Wie andernorts (unter anderem Koblenz) gab es dort einen „Judenturm" in der Stadtbefestigung. Ob diese Bezeichnung auf eine Verteidigungsverpflichtung zurückgeht, wird kontrovers diskutiert.

Vor dem Ende des 15. Jahrhunderts war eine Ghettobildung, das heißt eine extern verfügte Konzentration jüdischer Wohnungen in abgegrenzten Bezirken, nicht bekannt. Der Begriff Ghetto bezeichnete ursprünglich ein ummauertes Areal in Venedig, in dem Juden ab 1516 leben mussten. Generell ergab sich die Ausbildung jüdischer Nachbarschaften auch aus praktischen Gründen, wie andererseits Quartier- und Viertelbildungen in Städten an sich nicht ungewöhnlich waren und insbesondere durch Berufsgruppen gekennzeichnet sein konnten (Metzger, Gerber etc.). Das gemeinschaftliche Wohngebiet erleichterte die Ausübung des gemeinsamen Kultes und die interne Kontrolle des jüdischen Lebenswandels. In diesem Sinne bestand ein privilegierter Raum eigenen Rechts. Daher gestattete der Kaiser den Juden im Anschluss an seine Krönung in Rom, „nach dem Gesetz des Mose zu leben", was sich im symbolischen Akt der Übergabe einer Tora-Rolle ausdrückte.

An den Eingängen jüdischer Häuser beziehungsweise Wohnungen wurden, wie auch heute noch, Mesusa („Türpfosten") angebracht. Dabei handelte es sich um Kapseln am rechten Türpfosten, in die kleine handbeschriebene Pergamentröllchen eingesteckt waren. Sie enthielten bestimmte Tora-Texte und die Umschreibung des Gottesnamens, der manchmal durch ein Sichtfeld erkennbar sein konnte.

jmpator redit dans Judeis lege moysi ĩ rotulo.

Kaiser Heinrich VII.
gewährt den Juden in
einem Rotulus die Ge-
staltung ihres Lebens
nach dem Gesetz des
Moses, 1312.

Wie schon angeführt, ist das jüdische Leben
von religiös-rituellen Vorschriften geprägt. Dies
gilt auch für die Ausübung des Kultus, für den
bestimmte Voraussetzungen zu erfüllen sind.
Für den Synagogengottesdienst war zwar ein
eigenes Gebäude erstrebenswert, doch konnte
ein spezieller Gebetraum auch in einem Privathaus eingerichtet werden. Synagoge und „Judenschule" sind letztlich Sammelbegriffe, die
das gesamte Spektrum ohne inhaltliche Spe-
zifizierung benennen. Eine Synagoge konnte
auch als Lehrhaus oder Talmudhochschule
(Jeschiwa) fungieren, wie sie unter anderem in
Bingen und Koblenz anzutreffen waren. Die
Synagoge war Ausdruck und Zentrum des religiösen Lebens. Im Unterschied zur christlichen
Kirche hat sich keine zentrale Autorität, keine
eigenständige, speziell legitimierte Priester-
gruppe herausgebildet, die allein über bestimmte rituelle Befugnisse verfügt. Jedes
Gemeindemitglied trägt das Religionsleben der

Gemeinde gleichberechtigt mit. Die Glaubensgemeinschaft kümmert sich eigenverantwortlich um die Sanktionierung von Verstößen. Dort wo die vorgeschriebene Anzahl von zehn erwachsenen Männern (Minjan) für den Gottesdienst nicht zustande kam, schloss man sich größeren Nachbargemeinden an. Vor den Pestpogromen in der Mitte des 14. Jahrhunderts gab es Synagogen in Koblenz und Boppard (1356 an einen Christen verlehnt); wahrscheinlich auch in Oberwesel, Bacharach (1406/07 erwähnt) und Münstermaifeld (1420 genannt).

Unabdingbar ist hingegen ein Begräbnisort, der die ewige Ruhe der Toten gewährleistet (vertiefend hierzu Band 13.2). Je nach Größe der Judengemeinde nutzten, gerade in der Frühzeit, mehrere einen gemeinsamen Friedhof. Insofern kommt dem Bestattungsplatz mehr noch als der Synagoge eine zentralörtliche Funktion zu. Nicht selten waren für den Trauerzug lange Wege in Kauf zu nehmen. So bestatteten die Bopparder Juden auf dem Koblenzer Friedhof und die Binger Juden begruben ihre Toten auf dem Judensand in Mainz, der zeitweise zentraler Bestattungsort für den Rheingau war. Drei 1146 in Bacharach ermordete Juden wurden sogar auf den Mainzer Judenfriedhof überführt. Für den Erwerb und auch den Unterhalt eines Friedhofs mussten oft erhebliche Mittel investiert werden, wie es für Koblenz zu Beginn des 14. Jahrhunderts belegt ist. Ebenfalls in der Zeit vor den Pestpogromen dürfte in Münstermaifeld ein jüdisches Totenfeld bestanden haben (1409 erwähnt).

Für die Wiederherstellung der rituellen Reinheit in bestimmten Lebenssituationen war ein Tauchbad erforderlich. Bei einem solchen Ritualbad, einer Mikwe, handelt es sich um einen von „lebendem", das heißt natürlich fließendem Wasser gespeisten Raum. Aufgrund dieser Vorgabe konnten nicht überall Mikwen realisiert werden. Die rituellen Waschungen waren beispielsweise nach der Menstruation, einer Geburt oder Leichenkontakt vorzunehmen. Im Laufe der Zeit gerieten viele dieser eher unscheinbaren, gleichsam verborgenen Zeugnisse jüdischer Kultur in Vergessenheit und verschwanden unerkannt. Von der Koblenzer Mikwe, die 1494 bezeugt ist, weiß man aus Überlieferungen des 19. Jahrhunderts, dass sie sich in einem Privathaus in der Judengasse (Münzgasse) befand und einen ähnlichen Aufbau wie die Andernacher besaß. Es darf angenommen werden, dass das Ritualbad in Bingen, dessen Existenz 1415 bestätigt wurde, in der Judengasse lag. Möglicherweise stand es aufgrund der religiösen Reinlichkeitsvorschriften um die Gesundheit der Juden im Vergleich überdurchschnittlich gut.

Ein Hospital, in dem ähnlich wie in entsprechenden christlichen Einrichtungen, die karitativen Aufgaben der Krankenpflege und Fremdenbeherbergung erfüllt wurden, gab es zum Beispiel in den Schum-Städten und in Koblenz.

Als Gremium für innerjüdische Angelegenheiten und Instanz für offizielle Kontakte mit der christlichen Umwelt fungierte der Judenrat im Sinne einer rechtlichen Körperschaft. Im Mittelrheingebiet existierte ein solcher Rat, erstmals nachgewiesen 1303, in Koblenz. Nur vier Jahre danach wurde die verfasste Judenschaft auf Betreiben des Trierer Erzbischofs sogar in die Koblenzer Bürgerschaft aufgenommen. Nach den Pestpogromen 1349/50 konnte der Judenrat indes nicht mehr aufrechterhalten werden. Bis zu diesen verheerenden Pestpogromen in der Mitte des 14. Jahrhunderts wiesen Sinzig, Andernach, Koblenz, Münstermaifeld, Oberlahnstein und Bingen jeweils die kultischen Einrichtungen auf, die für eine religiöse Zentralortfunktion grundlegend waren. Davon künden heute allerdings nur noch geringe architektonische Überreste.

3 Synagoge, Bet- und Lehrhaus

Die aus dem Griechischen kommende Bezeichnung „Synagoge" bedeutet „Versammlungshaus". Der entsprechende hebräische Begriff dafür lautet „Bet ha-Knesset". Im Mittelalter nannte man die Synagoge „schola judeorum". Im jiddischen Wort „Schul" drückt sich aus, dass dieser religiöse und gesellschaftliche Mittelpunkt des Gemeindelebens neben der Betfunktion auch eine Lehrfunktion innehat. Das jüdische Kulthaus dient als Ort der Schriftlesung und des Gebets, an dem sich ein fester liturgischer Ablauf vollzieht. Insoweit besteht in diesem Punkt eine Gemeinsamkeit mit der christlichen Kultpraxis. Zwar können Juden wie Christen an jedem Ort beten, doch ist für Lesungen aus der Tora und religiöse Belehrung ein Versammlungsraum unabdingbar. Dafür genügt allerdings ein zumeist in einem Privathaus eingerichteter Betraum. Um einen Synagogengottesdienst abhalten zu können, müssen mindestens zehn religionsmündige Männer, das heißt Juden über dreizehn Jahre, anwesend sein. Erst dann besteht ein Gemeindestatus, Minjan. Die Anwesenheit eines Rabbiners, der ja nicht als Priester fungiert, ist hingegen nicht erforderlich.

Die jüdische Religion kennt nur den Wort- oder Gebetsgottesdienst, bei dem das Verlesen bestimmter, dem jeweiligen Tag zugeordneter Abschnitte der Tora, also der fünf Bücher Mose, im Mittelpunkt steht. In jeder Synagoge muss die Tora vorhanden sein. Zumeist gibt es mehrere Exemplare des nach bestimmten Vorschriften handschriftlich auf eine Pergamentrolle geschriebenen und um zwei Holzstäbe gewickelten Texts. Zusammengebunden werden die Rollen mit Tora-Wimpeln, die man aus Beschneidungstüchern herstellt. Die in ein Tuch geschlagenen Rollen sind von einem oftmals aufwendig gestalteten Mantel umhüllt und zusätzlich mit bestimmten Schmuckelementen versehen. Aufbewahrt wird die zentrale Schriftgrundlage des jüdischen Glaubens im Tora-Schrein (Aron ha-Kodesch). Dieser ist an der nach Jerusalem, dem Ort des zerstörten Tempels, orientierten Wand (Misrach) in einer Nische aufgestellt. Damit dient die Nische zugleich als Orientierungsvorgabe beim Gebet (eine Parallele zur islamischen Praxis ist nicht zu übersehen). Der Schrein, das Allerheiligste, ist immer architektonisch beziehungsweise künstlerisch aufwendig gestaltet und über Stufen erhöht angebracht. Zwei Säulen rahmen den „Heiligen Schrank" und bilden eine Reminiszenz an die namentlich bezeichneten Säulen Jachnin und Boas, die die Vorhalle des Salomonischen Tempels zierten und im Buch der Könige beschrieben werden. Die Schreinnische selbst wird von einem reich bestickten bezie-

Das Innere der Koblenzer Synagoge mit dem Tora-Schrein im Hintergrund, auf dessen Vorhang halten Friedenstauben die Krone der Tora (Chagall) und darunter steht in Hebräisch: <u>Kovelenz/1947.</u> Oben erscheinen die Gebotstafeln Mose. Auf dem Vorlesepult liegt die Tora, oben rechts hängt das Ewige Licht und links steht die Menora.

hungsweise verzierten Vorhang (Parochet) verhüllt. Vor der Nische leuchtet das „ewige Licht" (Ner tamid), das an die Leuchter des Stiftszeltes erinnert und zugleich eine Verbindung zum Leuchter im Jerusalemer Tempel darstellt. Zur Einrichtung des Jerusalemer Tempels gehörte die Menora, der siebenarmige Metallleuchter, der nach der Tempelzerstörung 70 n. Chr. nach Rom gebracht und später mutmaßlich eingeschmolzen wurde. In der Synagoge als zentralem Mittelpunkt des Gemeindelebens erfolgt

Tora-Rollen der Koblenzer Synagoge, jeweils umhüllt vom Tora-Mantel, angehängt die Tora-Schilde und Tora-Zeiger, als Aufsätze auf den Stäben die Tora-Kronen beziehungsweise Rimmonim.

die Initiation jedes Gemeindemitglieds. Hier finden Beschneidung, Aufnahme der Dreizehnjährigen und Heirat statt. Wie erwähnt, bildet der Wortgottesdienst die Grundlage des jüdischen Kultus. Der Respekt vor den heiligen Texten verbietet deren Berührung, weshalb bei ihrem Verlesen ein verzierter Zeigestab oder Tora-Weiser (Jad) zu verwenden ist. Die Rezitation der Texte durch den Vorbeter erfolgt von einem erhöhten Vorlesepult aus, das entweder arabisch als Almemor oder hebräisch als Bima bezeichnet wird. Das ursprünglich inmitten der Synagoge stehende, kanzelartige Podest rückte im Laufe der Zeit nahe an die Ostwand, wodurch sich eine enge räumliche Verbindung mit dem Tora-Schrein einstellte. Wie in den übrigen Schriftreligionen auch – ausgeprägt im Islam, hingegen nur tendenziell im Christentum –, sind die Teilnehmer am Gottesdienst beziehungsweise Gebet nach Geschlechtern getrennt. Daher findet sich in jeder Synagoge eine Frauenempore, besonders bei älteren Synagogen gab es sogar spezielle Frauenräume (Worms, Speyer).

Die Akkulturation seit der zweiten Hälfte des 19. Jahrhunderts führte dazu, dass einige liberale, fast ausnahmslos städtische Gemeinden

Orgeln in ihren Synagogen erlaubten. Dazu
zählten Koblenz und Bingen, in Simmern gab es
1911 ein Harmonium.

Da die Synagoge auch der Lehre diente, war ihr
oft ein eigenes Schulhaus mit Lehrerwohnung
angebaut oder zugeordnet (unter anderem in
Beilstein, Binningen und Boppard). Das Lehrhaus für das Talmudstudium wird als Jeschiwa
bezeichnet.

Die bauliche Gestalt jüdischer Versammlungshäuser wurde zum einen vom allgemein vor-
herrschenden Epochenstil und zum anderen
von regionalen Einflüssen geprägt. Im Mittelalter waren Synagogen oft zweischiffig. Wahrscheinlich darf dies auch für die sämtlich ver-

schwundenen Bauten dieser Zeit am Mittelrhein angenommen werden. Erst im Laufe des 19. Jahrhunderts erfolgte der Bau eigenständiger Synagogen in nennenswerter Zahl. Im 18. Jahrhundert und bis zum Beginn der rechtlichen Gleichstellung beziehungsweise dem Fall der Zuzugsbeschränkungen lebten die meisten Juden auf dem Lande oder in Kleinstädten. Da die jüdischen Gemeinden in der Regel nicht wohlhabend waren, konnten dort keine Gebäude ausschließlich für kultische Zwecke errichtet werden. Schon allein die oft geringen Mitgliederzahlen erlaubten nur die Einrichtung von Betsälen oder -räumen in Privathäusern. Diese Orte des Gebets und der Versammlung wurden nicht selten sehr lange genutzt. Mitunter nahm nicht nur die Obrigkeit diese religiös motivierten Treffen in Privatwohnungen argwöhnisch zur Kenntnis. In der Region Mittelrhein wurde im 18. Jahrhundert lediglich ein eigenständiger Synagogenbau errichtet. Dies ist auf eine Sonderentwicklung der in der Mitte des 17. Jahrhundert gegründeten Residenzstadt der Grafen zu Wied zurückzuführen. In Neuwied siedelten sich, angezogen von der gräflichen Toleranzpolitik in Religionsangelegenheiten Glaubensflüchtlinge und Juden an. Der Graf zu Wied förderte den Bau der 1748 fertig gestellten Synagoge in der Nähe seines Schlosses maßgeblich. Das eingeschossige Bauwerk besaß hohe profilierte Rundbogenfenster, ein aufwendiges Barockportal und ein hohes Walmdach. Nach dem Novemberpogrom von 1938 wurde das Bethaus abgebrochen.

Da sich in den religiösen Texten des Judentums keine Bauvorschriften finden – letztlich musste nur das Bilderverbot berücksichtigt werden –, suchte man verstärkt im 19. Jahrhundert nach einer eigenständigen Formensprache. Etwa im zweiten Drittel dieses Jahrhunderts wurden Synagogen vorzugsweise im so genannten Mau-

rischen Stil errichtet. Dieser bot die Möglichkeit, sich eindeutig von christlich geprägten Bauten zu unterscheiden und hatte zudem etwas „Morgenländisches" an sich. Außerdem galt er als sehr alter Stil, dem spezifisch jüdische Bauten etwa in Cordoba oder Toledo zuzurechnen waren. Den Hufeisenbogen, mitunter auch gezackt, sah man als Inbegriff dieses Stils an. Beliebt waren ferner Zwiebeltürmchen und Zinnenabschlüsse sowie polychrome Oberflächengestaltungen. Frühe Vertreter dieses Stils stellten die Synagogen im südpfälzischen Ingenheim (1831/32), in Speyer (1837) und Mainz (1853) dar. Am Mittelrhein entstanden dem maurischen Stil mehr oder weniger stark verpflichtete Bauten in Mayen (1854/55, verschwunden), Remagen (1865–69, verschwunden), Kirchberg (1880, verschwunden), Ochten-

55

dung (1882, verschwunden) und Altenkirchen (1882–84, verschwunden). Die abgetragene Synagoge zu Hamm war 1892-94 nach Plänen des Kölner Architekten Franz-Josef Seché entstanden und zeigte einen Einfluss der Kölner Synagoge in der Glockengasse. Auch in Ahrweiler (1894, restauriert) und Bad Neuenahr (1901, verschwunden) baute man „maurisch". Bei der Laufersweiler Synagoge (1910/11, restauriert) sind maurische Einflüsse lediglich noch bei einigen Details zu spüren.

Auf die Architektur von Synagogen wirkte sich immer der Grad der gesellschaftlichen Integration der jeweils mehr orthodox oder reformerisch geprägten Gemeinden aus. Mit der wachsenden Eingliederung in die deutsche Gesellschaft wurden ab der Mitte des 19. Jahrhunderts zunehmend Stimmen laut, die sich gegen eine bewusste Betonung jüdischer Eigenständigkeit wandten. Man argumentierte, dass der in Südwesteuropa verwurzelte maurische Stil keine echte Verbindung zum Judentum – zumal zum deutschen – habe. So nimmt es nicht Wunder, dass auch über die damals für christliche Bauaufgaben in Deutschland vorherrschende Rezeption mittelalterlicher Architektur, das meinte den romanischen oder Rundbogenstil, eine architektonische Assimilation erfolgte. Der Synagogenbau wurde Teil der zeitgenössischen Diskussion des Historismus. Im Laufe der Zeit setzte sich die Neuromanik bis zum Ende des 19. Jahrhunderts als staatskonforme Bauweise für Synagogen durch. Maßgeblichen Anteil hieran hatte der in Hannover wirkende jüdische Architekt Edwin Oppler, der den neuromanischen Stil propagierte. Mittels der Neuromanik versuchte man zugleich, an die ruhmreiche Zeit des aschkenasischen Judentums vor den Pestpogromen anzuknüpfen. Hier stand vor allem die Wormser Synagoge von 1174/75 (unter anderem nach

1689 verändert) vor Augen – verkörperte doch
gerade sie den Glanz der rheinischen Schum-
Städte. In der Mittelrheinregion finden sich
neuromanische Formmotive bei den Synagogen in Binningen (1841, verändert), Saffig
(1844/45, restauriert), Diez (1863, verschwunden), Kobern (1879, Ruine für Wohnnutzung
ausgebaut) und Meudt (1880/81, verschwunden). Die nach Entwürfen des einheimischen
Architekten Peter Schmitz erbaute Niedermendiger Synagoge (1886, verschwunden) wies
ebenso neuromanische Gliederungselemente
auf wie die Kultbauten in Montabaur (1888/89,
verschwunden), Holzhausen (1897, verschwun-

*Die ehemalige Syna-
goge in Saffig.*

57

Die Synagoge in Meudt, vor 1938.

den) und Höhr-Grenzhausen (um 1900, heute Wohnhaus). Mitunter finden sich im ländlichen Raum Synagogen, bei denen lediglich Rundbogenfenster an den gleichnamigen Stil erinnern. Gekuppelte Rundbogenfenster scheinen dabei aber nicht nur stilistischem Empfinden verpflichtet zu sein, sondern darüber hinaus Assoziationen an die mosaischen Gesetzestafeln zu wecken. Bei einigen Bauten wurden beiden großen Stilrichtungen im Synagogenbau des 19. Jahrhunderts miteinander kombiniert (Mischstil). In Polch wurden 1877 sogar maurische Fensterformen mit einem ausgesprochen neugotischen Baukörper verbunden. Gleichsam als Schwesterbau erscheint die Münstermaifelder Synagoge (um 1885, Ruine).

Die ehemalige Synagoge in Münstermaifeld.

Wie im christlichen Kirchenbau so herrschte auch beim Synagogenbau in der Zeit vor dem Ersten Weltkrieg ein disparates Bild. Am romanisierenden Außenbau der Binger Synagoge (1903–05, Teilabtrag) deutete einzig ein Relief mit den Gesetzestafeln auf eine Synagogennutzung hin. Überhaupt hatte sich schon zuvor mit der Darstellung der mosaischen Gesetzestafeln ein spezifisch jüdisches, zumeist in der Giebelgestaltung genutztes Ziermotiv entwickelt. Neben den bereits erwähnten maurisch beeinflussten Bauten in Laufersweiler und Ahrweiler entstand in Nastätten (1903/04, verschwunden) ein Bau mit Neurenaissanceformen im Giebel. Die Synagoge in Simmern (1911, verschwunden) war ein Putzbau mit kombinierten Anklängen der Neurenaissance und des Jugendstils. Die dortige, aus Eisenbuchstaben gefertigte Portalinschrift hatte die jüdische Gemeinde bezeichnenderweise in deutscher Sprache abfassen lassen (*Mein Haus soll Bethaus genannt werden für alle Völker der Erde*, Jesaja 56,7).

Ausgesprochen neugotische Synagogenbauten waren auch im Bereich des mittleren Rheinabschnitts wenig verbreitet. Immerhin entstanden in den 1860er Jahren Bauten dieses Stils. Hierzu zählen Rheinbrohl (1863/64, verschwunden) und der Umbau der Vorburg (Südwestflügel) des Schlosses zu Gelsdorf (Grafschaft), bei dem 1861/62 neugotische Spitzbogenfenster eingefügt wurden. Auch beim Umbau eines vorhandenen Betraumes zu einer Synagoge 1890 in Ediger bevorzugte man Spitzbogenfenster. Kurz zuvor hatte man beim Synagogenneubau in Oberwesel (1886, verändert) neugotische Elemente eingesetzt, namentlich einen abschließenden Zinnenkranz und Erkertürmchen. Die letzte in Deutschland vor der Schoah errichtete Synagoge stand in Andernach. Dieser Vertreter des neuen Bauens war noch Ende März 1933 ohne großes Aufsehen in der Moltkestraße 15 eröffnet worden. Nach der Zerstörung (1938) wurde der kubische Bau, der lediglich traditionelle Fenstergruppen aufwies, abgetragen. Nur unwesentlich länger existierten die erst 1925 beziehungsweise 1929 errichteten Kulthäuser von Mülheim und Dierdorf. Die Reichspogromnacht überstanden lediglich Synagogen, die schon vor 1938 veräußert worden waren. Eine Nutzung als Lager, Scheune, Werkstatt oder der Umbau zu Wohnungen bewahrte diese Gebäude auch in den Folgejahrzehnten vor dem Abriss.

Nach dem Ende der nationalsozialistischen Unrechtsherrschaft wurde im Mittelrheingebiet lediglich die Synagoge in Koblenz neu erbaut. Der schlichte, 1950 nach Plänen von Helmut Goldschmidt errichtete Bau – innerhalb der ehemaligen Trauerhalle – verrät seine Synagogenbestimmung allein durch einen Davidstern über dem Eingangsfenster. 1962 wurde ein Gemeindesaal angefügt.

Sämtliche wieder aufgebauten oder restaurierten Synagogen dienen, nachdem die jüdischen Gemeinden durch die Schoa vernichtet wurden, nicht mehr dem Kultus, sondern meist vielfältigen kulturellen Zwecken. Ungeachtet des Erinnerungswertes aller Synagogen stellten die zuständigen Behörden nur diejenigen unter Denkmalschutz, bei denen Substanz und Erscheinungsbild in relevantem Umfang erhalten waren.

Wie am Beispiel Gelsdorf angedeutet sei, wurden Synagogen nicht ausschließlich neu erbaut, sondern mehrfach auch in bestehende Architekturen integriert. In Koblenz baute man 1847–51 den Bürresheimer Hof aus, in Zell 1849 einen Trakt des dortigen Schlosses. Die Nassauer Gemeinde errichtete 1857 ihre Synagoge in der aus dem Mittelalter stammenden Hospitalkirche (zerstört) ein. Ein Ausbau zur Synaoge erfolgte 1865 auch im Mitteltrakt der

„Alten Burg" zu Sinzig (Zerstörung 1938, Abbruch 1970).

Bei Synagogen kam der Verwendung von Schrift, vor allem aufgrund des in der Bibel festgeschriebenen Bilderverbots, von Beginn an eine hohe Bedeutung zu. Bereits von den ältesten Bauten sind Inschriften überliefert (Worms 1034). Die hebräischen Inschriften sind zumeist den biblischen Psalmen entnommen und zieren insbesondere die Portale der Versammlungshäuser (zum Beispiel in Saffig Psalm 118,20).

Inschriftenstein über dem Portal der ehemaligen Saffiger Synagoge.

In der gelegentlichen Betonung von Wand- oder Kantenstützen an der Außenfassade, oft auch am Portal, werden mehr oder weniger direkte Anklänge an das Motiv der beiden Säulen Boas und Jachnin aus dem Salomonischen Tempel vermutet, zum Beispiel bei der Fassadengestaltung in Polch.

Auf die an Abraham gerichtete Verheißung, seine Nachkommenschaft möge zahlreich sein wie die Sterne des Himmels, wird die Deckenzier vieler Synagogen zurückgeführt. Im Mittelrheingebiet gibt es ebenfalls Bauten, bei denen die zumeist gewölbten Decken in Anlehnung an jene Bibelaussage als Nachthimmel mit vielen

Jüdischer Hochzeitszug
im späten 17. Jh.

Sternen ausgemalt wurden. Genannt seien Zell (Ausmalung von 1927), Binningen, Ahrweiler, Saffig, Remagen, Kastellaun, Rheinböllen und Simmern.

Obwohl für die Hochzeitszeremonie kein Ort vorgeschrieben ist, findet die Vermählung meist in der Synagoge statt. Zum Abschluss trinkt das Brautpaar aus einem Weinglas, das der Bräutigam anschließend mit dem Fuß zertritt, um, so scheint es, der Zerstörung des Jerusalemer Tempels zu gedenken. In Bingen und einigen anderen Orten wurde dieser

Hochzeitsstein aus der ehemaligen alten Binger Synagoge, heute im Jerusalemer Israel-Museum.

Brauch in abgewandelter Form ausgeübt. Hier zerschlug man das Glas an einem speziellen Hochzeitsstein (Chuppastein). Ein derartiger Stein aus Bingen, der oft mit einem Sternrelief und dem hebräischen Buchstabenkürzel für den Segenswunsch „Mazel Tow" versehen war, hat sich erhalten.

Da Texte mit dem heiligen Namen Gottes ebenso wie nicht mehr benutzte Kultgegenstände keinesfalls zerstört oder weggeworfen werden durften, verwahrte man sie nach Ende ihrer Gebrauchszeit an abgelegenen Orten auf. Hierzu zählten vor allem die Dachräume der Versammlungshäuser. Diese Depots heißen im Hebräischen Genisot (sing. Genisa), was in religiösem Kontext im Sinne von verstecktem „Schatz" oder „Archiv" ausgelegt werden kann. Im Anschluss an die Aufbewahrung in einer Genisa, konnten die Gegenstände auch rituell auf dem jüdischen Friedhof beerdigt werden. Mehrere der in Vergessenheit geratenen „Schätze" konnten in jüngerer Zeit geborgen werden. Nachdem in Ediger bereits Jahre zuvor eine Genisa mit hebräischen und jüdischen Schrif-

64

ten des 17. bis 19. Jahrhunderts auf dem Dachboden der Synagoge entdeckt worden war, kamen 1998/99 weitere Reste von Büchern des 18. Jahrhunderts, Tefillin und Mesusot zum Vorschein. Außerdem fanden sich Reste eines Tora-Wimpels, Gebetsriemen und -mäntel. In

Buch mit Bußgebeten (Selichot) von 1747, Genisafund in der ehemaligen Synagoge von Ediger-Eller.

65

der Saffiger Synagoge wurde 1985 eine aus Büchern bestehende Genisa geborgen. In Niederzissen waren noch 1998 Reste unter anderem von Gebetbüchern auf dem Dachboden vorhanden. Diese Funde sind für die Erforschung jüdischer Kultusgeschichte von größter Bedeutung.

4 Katalog der Synagogen, Beträume und Mikwen

Andernach
(Kreis Mayen-Koblenz)

Als einziges Zeugnis der schon im 12. Jahrhundert bestehenden jüdischen Gemeinde Andernachs hat sich eine Mikwe erhalten. Mittelalterliche Mikwen sind nur selten auf uns gekommen, sehr bekannt sind die Anlagen in

Grundriss der mittelalterlichen Mikwe in Andernach.

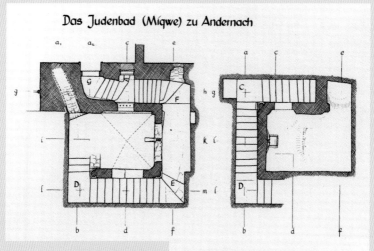

Das Judenbad (Miqwe) zu Andernach

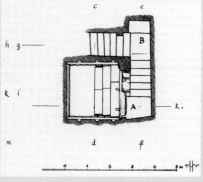

Worms und Speyer. Die Mikwe in Andernach folgt dem von Köln und Friedberg (Hessen) bekannten Typus, bei dem die zum Wasserbecken hinabführende Treppe um einen Schacht herumgelegt wurde. Das erstmals 1407 erwähnte Bauwerk in der Kramstraße war zu diesem

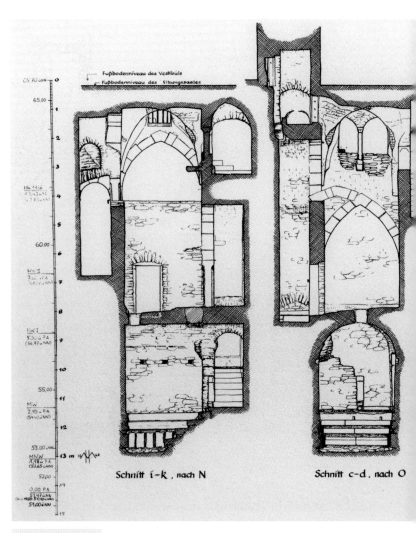

Fußbodenniveau des Vestibüls
Fußbodenniveau des Sitzungssaales

Schnitt i-k , nach N

Schnitt c-d , nach O

Schnitte durch die mittelalterliche Mikwe in Andernach.

Zeitpunkt schon in christlichem Privatbesitz. Wie die Quellen berichten, wurde das später in den Rathauskomplex integrierte Judenbad aus verputztem Schiefergestein bereits 1481 als Abtritt benutzt. Das eigentliche, vom Grundwasser des Rheins gespeiste Becken misst rund 2,5 m im Quadrat. Eingefasst wird es von Eichenbalken, die mittels Jahrringanalyse (Dendrochronologie) in das 13. Jahrhundert

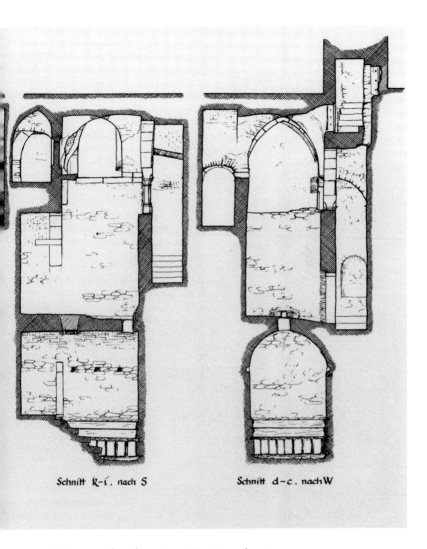

Schnitt k–i. nach S   Schnitt d–c. nachW

datiert werden konnten. Heute gelangt man
vom Rathaus-Foyer durch eine niedrige, profilierte Türöffnung zur fünffach gebrochenen
Treppenanlage, die fast zwölf Meter hinab führt.
Der von der Treppe umzogene Mittelteil ist
zweigeschossig und besteht aus einem oberen,
sehr hohen Raum sowie dem eigentlichen
Baderaum darunter. Ein gratiges Kappen-
gewölbe, das auf Eckstützen mit schlichten,

kelchförmigen Kapitellen lastet, schließt den oberen, wohl als Umkleidesaal anzusprechenden, Raum ab. Spitzbogige Öffnungen über polygonalen Pfeilern sowie ein galerieartiges Zwillingsfenster stellen eine Verbindung zwischen dem Saal und der Treppe her. Der Baderaum besitzt ein Tonnengewölbe mit Verbindungsöffnung im Scheitel. Verschiedene Nischen und (zugesetzte) Fenster bereichern das Gebäude.

Treppenanlage in der mittelalterlichen Mikwe in Andernach.

Tauchbecken in der mittelalterlichen Mikwe in Andernach.

Bad Breisig, Ortsteil Niederbreisig
(Kreis Ahrweiler)

Im Haus der Niederbreisiger Familie Wolff in der oberen Biergasse war von der Mitte des 18. Jahrhunderts bis 1854 eine Betstube eingerichtet. Das Gebäude ist verändert.

Bad Hönningen
(Kreis Neuwied)

Der Betraum der bereits seit Ende des 13. Jahrhunderts in Hönningen erwähnten Juden befand sich im 20. Jahrhundert im Haus der Metzgerfamilie Levy an der Ecke Hauptstraße/Schultheißgasse. Ab 1935 waren die Metzgerei und eine Wohnung an Christen verpachtet. Am 10. November 1938 konnte der christliche Pächter der Metzgerei den nationalsozialistischen Schergen unter Hinweis auf seinen Laden Einhalt gebieten. Der Betraum wurde zerstört.

Bad Neuenahr-Ahrweiler, Ortsteil Ahrweiler
(Kreis Ahrweiler)

Rund ein halbes Jahrhundert versammelten sich die Juden Ahrweilers in der Beststube eines Privathauses. Bis zur Fertigstellung der Synagoge, 1894, fanden Gottesdienste im Obergeschoss des Fachwerkgebäudes Plätzerstraße 43 statt.

Eine seit Jahrzehnten von der jüdischen Gemeinde beantragte Synagoge wurde 1893/94 nach Plänen des Baumeisters Groner aus Remagen in maurisch inspiriertem Stil und unter dem Eindruck der Remagener Synagoge westlich des Marktplatzes errichtet. Über annähernd quadratischen Grundriss erhebt sich in der Altenbaustraße, zwischen Nr. 12 und 14, ein giebelständiger Quaderbau aus bräunlichen Natur-

Gebäude mit ehemaliger Betstube in Bad Neuenahr-Ahrweiler, Ortsteil Ahrweiler.

steinen mit flachem Satteldach. Die straßenseitige Giebelfassade ist durch Kantenpilaster mit ornamentierten Kapitellen sowie drei Fensteröffnungen mit Hufeisenbögen auf durchlaufender Sohlbank und einen Blendokulus gegliedert. Oberhalb der Pilaster standen ehemals Säulenaufsätze, deren Basen noch erhalten sind. Anscheinend trugen sie je einen Davidstern. An der Spitze des profilierten Ortgangs erscheint als Giebelbekrönung ein Sandsteinrelief mit den beiden Gesetzestafeln Mose in einer Ädikula. Auf der westlichen Eingangsseite befinden sich zwei lange Hufeisenbogenfenster und dazwischen ein gleichartig gestaltetes Portal mit einer inzwischen geschlossenen Kreisöffnung darüber. An den Synagogenraum schließt sich rückwärtig ein zweiteiliger, funktional gestalteter Anbau aus Backstein an. Er enthält zum einen den separaten Eingang, von dem man zur Frauenempore gelangt und zum anderen einen Schulsaal. In der fensterlosen Ostseite ist die Tora-Nische angelegt und über den gesamten Raum spannt sich ein Spiegelgewölbe, in das die Fensternischen hineinragen. Wie Farbunter-

Die ehemalige Synagoge in Bad Neuenahr-Ahrweiler, Ortsteil Ahrweiler.

suchungen belegten, bestand die ursprüngliche Farbfassung aus Ornamentfriesen in Schablonenmalerei, denen ein blauer Gewölbefond mit gelben Sternen beigegeben war. Am 10. November 1938 wurde die Synagoge von einer SA-Horde demoliert und in Brand gesteckt, die Feuerwehr schützte die Nachbargebäude. Das anschließend (1939) an eine Privatperson verkaufte und durch den Bombenkrieg weiter beschädigte Gebäude war 1945 auf Geheiß des amerikanischen Ortskommandanten notdürftig wiederhergestellt und ausgeweißt worden. In diesem Zustand erfüllte es für jüdischen Soldaten der US-Armee letztmalig seine Funktion als kultischer Versammlungsort. Nachdem der Kaufvertrag von 1939 als ungültig erklärt worden war, nutzte der neue Besitzer die ehemalige Synagoge ab 1955 als Geräteschuppen und Düngemittellager. 1978 kam es zur Gründung des „Bürgervereins Synagoge e.V.", der von breiten bürgerlichen Schichten und Mitgliedern beider christlichen Kirchen getragen wird. Der Verein erwarb die vormalige Synagoge und ermöglichte somit die Wiederherstellung des zwischenzeitlich unter Denkmalschutz gestellten Bauwerks von 1982 bis 1990. Als einzig erhaltener Gegenstand der originalen Ausstattung hängt der Tora-Vorhang, der aus dem Kunsthandel zurückerworben werden konnte, wieder am angestammten Platz. Ausweislich seiner Inschrift wurde er 1882 für den Vorgängerbau angefertigt. Der Synagogenraum wird heute für Ausstellungen und kulturelle Veranstaltungen genutzt.

Bad Neuenahr-Ahrweiler, Ortsteil Neuenahr

(Kreis Ahrweiler)

Ein pultartiger Granitstein mit einer Gedenktafel erinnert seit 1996 an die 1938 abgerissene

Synagoge von Neuenahr. Fünf Jahre nach der Gründung der Synagogengemeinde war der Kultbau 1901 in der damaligen „Temelstraße", heute Wadenheimer Straße 8, fertig gestellt worden. Die Pläne hatte der ortsansässige Architekt und Bauunternehmer Heinrich Schmitz geliefert. Von dem Haus, in dem zuvor ein Betraum untergebracht war, existieren keine Reste mehr.

Beilstein
(Kreis Cochem-Zell)

Die ehemalige Beilsteiner Synagoge liegt in der Nordwestecke des Ortes, direkt an der Befestigung. Im Straßenwinkel der Weingasse fügt sich Nr. 13 als giebelständiges Bruchsteingebäude von drei Geschossen in die Zeilenbe-

Die ehemalige Syna-
goge in Beilstein.

bauung ein. Die besondere Nutzung des im Kern spätmittelalterlichen Baus ist lediglich aufgrund eines Steinreliefs mit bekröntem Doppeladler und integriertem Davidstern erkennbar. Mit dem Relief über dem breiten Portal wird zugleich die besondere Beziehung der

Juden zum Kaiser ange-
zeigt. Nachdem offenbar
schon zuvor eine Gebäu-
deverlängerung zur Mosel
hin stattgefunden hatte,
gab es im 19. Jahrhundert
einen Umbau im Inneren.
Aus dieser Zeit stammt die
schöne, in der Sayner
Hütte hergestellte Guss-
eisensäule unmittelbar vor
der dreifenstrigen Frauenempore. Da seit etwa 1900
der für den Gottesdienst
erforderliche Minjan nicht
mehr aufgebracht werden
konnte, kam es im Jahre
1925 zum Verkauf des Hau-

*Relief mit Doppeladler
und sechszackigem
Stern über dem Portal
der ehemaligen Beil-
steiner Synagoge.*

ses. Zur Umnutzung als Scheune wurde unter
anderem der Einbau einer Zwischendecke auf
Emporenhöhe vorgenommen. Der tonnenge-
wölbte Hochkeller, der angeblich eine Mikwe
beinhaltet haben soll, diente als Stall. Nach
einer Restaurierung von 1990/91 wird das
Gebäude als Galerie und Ausstellungsraum
genutzt. Im Betraum wurde die Schablonenmalerei aus der zweiten Hälfte des 19. Jahrhunderts teilweise wiederhergestellt. Das einzig
erhaltene Ausstattungsstück, ein Leuchter aus
der Synagoge, wird in der Gaststätte Lipmann
aufbewahrt.
Unmittelbar über Eck, der Synagoge benach-
bart, befindet sich das einstige Wohnhaus des
jüdischen Lehrers. Der schmale, traufständige
Fachwerkbau mit massivem Unterbau und
Mansarddach ist durch eine Wendeltreppe mit
dem Erd- und Obergeschoss der ehemaligen
Synagoge verbunden. Es steht zu vermuten,
dass in dieser Synagoge bereits in mittelalterlicher Zeit jüdische Gottesdienste abgehalten
wurden. Juden gab es ab 1309 in Beilstein.

Das Lehrerhaus neben
der ehemaligen
Synagoge in Beilstein.

Bendorf, Ortsteil Sayn

(Kreis Mayen-Koblenz)

„Israelitische Heil- und Pflegeanstalt für Nerven- und Gemüthskranke"
Auf medizinisch-psychatrischem Gebiet war die „Israelitische Heil- und Pflegeanstalt für Nerven- und Gemüthskranke" in Bendorf-Sayn von großer Bedeutung für jüdische Patienten aus ganz Deutschland und den Nachbarländern. Meier Jacoby, Vorsteher der Bendorfer Synagogengemeinde, hatte diese Einrichtung 1869 gegründet, um Patienten jüdischen Glaubens die Einhaltung der religiösen Gebräuche (Speisevorschriften) bei Genesungsaufenthalten zu ermöglichen. Mit dem 1873 erworbenen Gebäude an der Koblenz-Olper-Straße 39 nahm der in einem Park gelegene Klinik-Komplex seinen Anfang. Bereits 1881/82 wurde ein Neubau mit Festsaal und Synagoge errichtet. 1898/99 erfolgte eine dringend notwendig gewordene Erweiterung mit dem villenartigen „Kurhaus" im Stil der Neurenaissance. Ein mit reichem Zierfachwerk versehener Verbindungsgang zum „Altbau" wurde als Wintergarten gestaltet. Die Patientenzahl der einzigartigen Einrichtung war von 90 im Jahr 1886 auf rund 170 nach dem Ersten Weltkrieg angestiegen. Die Pflegeanstalt unterstand der rituellen Aufsicht des Rabbiners Dr. Weingarten (Bad Ems).
Seit 1940 durften in Deutschland jüdische Psychiatriepatienten ausschließlich in der Sayner Anstalt, die nach 1938 nur jüdisches Personal beschäftigen konnte, untergebracht werden. Sämtliche Patienten und das Personal, zusammen mehr als 500 Personen, wurden 1942 in Vernichtungslager im besetzten Polen deportiert. Unter ihnen war der wohl berühmteste Patient, der expressionistische Lyriker Hans Davidsohn alias Jakob van Hoddis (1887–1942).

Das Anwesen wird heute von der Josefsgesellschaft e. V. genutzt, die dort körperlich behinderte Menschen betreut. Die Synagoge ist umgestaltet. An die von den Nationalsozialisten ermordeten Personen erinnern seit 2002 am Eingang ein Mahnmal in Form zweier Stelen aus grauem Eifelgranit sowie im Inneren eine Tafel mit den Namen der Deportierten.

Betzdorf
(Kreis Altenkirchen)

Seit Ende des 19. Jahrhunderts gehörten die Betzdorfer Juden zur Synagogengemeinde Hamm und besuchten dort den Feiertags-Gottesdienst. Bis 1909 gab es jedoch in Betzdorf einen Betraum im Hinterhaus einer Werkstatt im „Bayrischen Hof" (Viktoriastraße). Danach nutzte man bis 1933 einen Raum im alten Eisenbahnnebengebäude, hinter dem Kaufhaus Schütz (später Eufinger) in der Viktoriastraße.

Bingen – Alte Synagoge

(Kreis Mainz-Bingen)

Nachdem dem Vorgängerbau der alten Synagoge in Bingen (1698–1700) Baufälligkeit attestiert worden war, kam es zu einem grundlegenden Umbau, der Mitte Dezember 1838 eingeweiht wurde. Doch schon 1842 fanden erneute Erweiterungsmaßnahmen statt. Die an die Rheinstraße verlegte Eingangsfassade zeigte ein von Okuli flankiertes Oberlichtportal und ein großes Kreisfenster mit stehendem Vierpaß im dreieckigen Giebelfeld. Im Inneren des zunächst zweischiffig angelegten Raumes gab es fest installiertes Gestühl und Emporen sowie eine Orgel, was die liberale Ausrichtung dieser Gemeinde veranschaulicht. Dies äußerte sich auch in der Bimaverschiebung nach Osten, weshalb sogar eine der beiden Säulen entfernt werden musste. Zum Gebäudekomplex gehörte das rechter Hand anschließende Wohn- und Schulhaus, das zugleich der Verwaltung der jüdischen Kultusgemeinde diente (Rheinstraße 4). Das zweigeschossige Haus stand im Winkel zur Synagoge und reichte im Gegensatz zu jener als traufständiger Satteldachbau bis an die Straße heran. Die jeweiligen Traufgesimse nahmen aufeinander Bezug. Der Kultraum wurde 1905, nachdem der Neubau in der Rochusstraße fertig gestellt war, profaniert. Damit endete die zumindest seit dem 17. Jahrhundert an dieser Stelle belegte Synagogentradition. Aus früherer Zeit ist lediglich bekannt, dass es schon im 14. Jahrhundert ein jüdisches Versammlungshaus gegeben hatte, das 1502 nochmals Erwähnung fand. Nach mehreren Umbauten für unterschiedliche Nutzungen und einem Brand erfolgte der Abriss. In den anschließenden Neubau (Jugendzentrum) konnten 1988/89 Teile der Umfassungsmauern sowie das große Giebelfenster integriert werden.

Die ehemalige alte Synagoge in Bingen nach dem jüngsten Umbau.

Allerdings weist dessen Vierpass nicht mehr die richtige Orientierung auf. Aus dem barocken Vorgängerbau stammt der Hochzeits- oder Chuppastein, der in die Südwand des Kulthauses eingelassen war. Bei den dort bis 1832 unter freiem Himmel durchgeführten Trauungen spielte dieser rote Sandstein mit seinem Relief, einem achtstrahligen Stern mit acht hebräischen Buchstaben als Abkürzung der bei

der Trauung rezitierten Segenssprüche, eine
große Rolle. Ihn zieren ferner zwei Füllhörner
als Glücks- und Segenssymbole mit den
Anfangsbuchstaben des Psalms 118,20. Heute
befindet sich der Stein, an dem das Brautpaar
brauchgemäß in Erinnerung an die Zerstörung
des Jerusalemer Tempels seine Gläser zerschlug, im Israel-Museum von Jerusalem. Im
selben Museum ist die zweiflügelige schmiede-
eiserne Barocktür des ehemaligen Südeingangs
zu sehen. Auf den prachtvollen Türblättern von
1789 prangt die hebräische Stifterinschrift:
*Eingangstür der neuen Synagoge, gestiftet durch den
Gemeindevorsteher Chajmi, den Sohn von Aron Fried-
burg; vollendet am 28. Tage im Monat Siwan im Jahre*

*Türflügel von 1789
aus der alten Binger
Synagoge, seit 1964
im Jerusalemer Israel-
Museum.*

83

1789. *Groß wird die Ehre dieses Gotteshauses sein.*
1905 war die Tür in den Neubau (Rochusstraße)
übernommen worden. Ein mit Fruchtgehängen
reliefiertes Pfeilerstück, 1989 im Schutt gefunden, war ebenfalls Bestandteil der älteren
Synagoge, die nach einem Brand 1789 schon
einmal in veränderter Form wiederaufgebaut
worden war. Es ist heute im Gebäude einge-
mauert.
Im Jahre 1872 hatte sich eine kleine orthodoxe
Gemeinde abgespaltet und eine eigene
Synagoge in der Amtstraße 13 eingerichtet. Der
Bau wurde im Zweiten Weltkrieg zerstört.

Bingen – Neue Synagoge
(Kreis Mainz-Bingen)

Am Anfang des 20. Jahrhunderts, als Bingen die
größte Zahl an jüdischen Einwohnern (713) aufwies, entschloss sich der Gemeindevorstand
zum Bau einer neuen Synagoge an der Rochusstraße. Der Entwurf von Ludwig Levy aus Karls-
ruhe, der bereits die Synagoge in Kaiserslautern
gebaut hatte, sah einen lang gestreckten Bau in
neuromanisch inspirierter Formensprache vor.
Von 1903 bis 1905 wurde das Gebäude mit 218
Männer- und 171 Frauen-Sitzplätzen auf den
Emporen errichtet. Den Hauptakzent bildete der
von zwei Rechtecktürmen flankierte Eingangs-
bereich mit zwei Rundbogenportalen. Über
ihnen und zwei Säulenpaaren erhob sich ein
großes, reliefiertes Bogenfeld mit wimpergarti-
gem Abschluss und dahinter ein Turmaufsatz.
Im Bogenfeld erschienen vor einem Strahlen-
hintergrund die beiden Gesetzestafeln Mose
zwischen zwei Löwen. Zur Ausstattung der
Synagoge gehörten Glasmalereien und ein
prächtiger Tora-Schrein, in dem über 60 Rollen,
darunter eine aus dem Jahre 1700, aufbewahrt
wurden. Außerdem gab es eine Empore für
Sänger und Orgel und einen Inschriftenfries. Am

9./10. November 1938 wurde die Synagoge durch Brandstiftung bis auf die Umfassungsmauern zerstört. Als Ruine bestand der Bau bis 1970, als er dem Bau der Binger Feuerwache weichen musste. Lediglich der rechte Fassadenturm (Treppenhaus) und der anschließende,

Die neue Synagoge in Bingen im Jahre 1905.

Die ehemalige neue Synagoge in Bingen.

85

dreiachsige Wohntrakt mit seinen Rundbogenfenstern im ersten Obergeschoss blieben als Wohnhaus erhalten (Rochusstraße Nr. 10). Seit 1983 erinnert eine Gedenktafel an den vormaligen Synagogenstandort. Ein Wandbild des Heiligen Florian kündet von der neuen Nutzung durch die Feuerwehr, die 1938 weisungsgemäß nur die Häuser der Nachbarschaft vor dem Feuer beschützte. Wenige Steine mit Bauskulptur, darunter ein Fragment der beiden Löwen des Bogenfeldreliefs, gelangten nach dem Abbruch 1970 auf den Friedhof, wo sie in der damals ebenfalls bis auf die unteren Abschnitte der Außenmauer abgebrochenen Trauerhalle lagern.

Binningen
(Kreis Cochem-Zell)

Zu Anfang des 19. Jahrhunderts befand sich in Binningen die größte jüdische Gemeinde des heutigen Landkreises Cochem-Zell. Die Synagogengemeinde umfasste eine ganze Reihe von Orten, darunter Brohl, Forst, Karden und Moselkern. Eine Betstube wurde 1841 zu einer beachtlichen Synagoge mit Rundbogenfenstern und Walmdach vergrößert. Diesem Bau in der Hauptstraße 61 war wie so häufig eine Schule (Nr. 63) und ein Lehrerhaus (Nr. 65) angegliedert. Während des Pogroms vom 9. November 1938 wurde die Einrichtung verbrannt. Das erhaltene Gebäude dient nach tief greifendem Umbau 1950 als Wohnhaus.

Boppard
(Rhein-Hunsrück-Kreis)

Die „Judenschule" in Boppard wird erstmals 1356 erwähnt. Allerdings war sie seit dem Pestpogrom 1349/50 nicht mehr in Gebrauch; das Gebäude wurde durch Erzbischof Boemund

Die ehemalige Synagoge in Boppard.

von Trier als Lehen vergeben. In der ersten Hälfte des 19. Jahrhunderts versammelten sich die Juden Boppards zum Gottesdienst in Privathäusern. Angesichts einer stetig steigenden Zahl von Gemeindemitgliedern wurden die Raumverhältnisse immer unbefriedigender, zudem fehlte eine Empore für die Frauen, die von der Männergemeinde nur durch einen Vorhang getrennt waren. Nach der Brandzerstörung des Betsaals in der Judengasse 1865 und eines angemieteten Ersatzraums, entschloss man sich zu einem Neubau. Das von der Straße zurückgesetzte Backsteingebäude der Synagoge (Binger Gasse 35), an dessen Baukosten sich auch die Stadt beteiligt hatte, wurde 1867 eingeweiht. Neben dem Raum für den Kultus befand sich in den beiden Achsen rechter Hand die integrierte Kantor- und Lehrerwohnung. Am Außenbau ist diese funktionale

87

Zweiteilung durch Geschossteilung und Baudekor architektonisch ablesbar. Während des Reichpogroms wurde die Synagoge am 10. November 1938 demoliert. Zwei Tage später zwangen Nazis die örtlichen Juden, ihr Kultgebäude weiter zu zerstören. Nach dem Verkauf veränderte man das Gebäude 1952 beim Umbau zu einer Schreinerei erheblich. Unter anderem wurde eine Zwischendecke eingezogen und damit der Eindruck des ursprünglich durch hohe Rundbogenfenster belichteten Raumes zerstört. Nach 1971 erfolgte eine abermalige Überformung für Wohnzwecke. Seit 1994 befinden sich ein Optikgeschäft sowie eine Galerie im Erdgeschoss, während das Obergeschoss als Wohnung genutzt wird. Zugleich wurde versucht, einen Ort der Erinnerung zu schaffen.

Boppard-Hirzenach
(Rhein-Hunsrück-Kreis)

Nach dem Abbruch der alten Synagoge baute man 1855/56 eine neue in der Rheinstraße 91. Diese wurde allerdings nur bis 1908 genutzt und schließlich arg ramponiert 1930 verkauft. Die Umfassungsmauern des Backsteinbaus sind in ein anschließend erstelltes Wohnhaus integriert.

Bornich
(Rhein-Lahn-Kreis)

Bis 1858 existierte ein bereits 1842 erweiterter Betraum im Obergeschoss des Wohnhauses von Wolf Edinger am Markt. Noch bis 1867 nutzte die jüdische Gemeinde das Wohnhaus der Familie Gutenberg in der damaligen Judengasse (Mittelstraße) auch während des Laubhüttenfests. Zum Gottesdienstbesuch begaben sich die Juden Bornichs nach St. Goarshausen.

Bruttig
(Kreis Cochem-Zell)

Um 1840 entstand nach Plänen des Kreisbaumeisters C. Riemann, der 1845–47 auch die wenig oberhalb gelegene katholische Pfarrkirche errichtete, ein verputzter Bruchsteinbau mit Rundbogenfenstern in geschosshohen Blendnischen (Mühlenbachstraße neben Nr. 10). Da sich die jüdische Gemeinde vor 1933 bereits

Die ehemalige Synagoge in Bruttig.

auflöste, wurde diese Synagoge anschließend leicht verändert als Scheune beziehungsweise Schuppen genutzt und war deshalb nicht vom Pogrom 1938 betroffen. Heute hat der Bau, dessen verschieferter Fachwerkgiebel mit Kreisfenstern zur Straße weist, seinen Putz fast völlig verloren. Ungeachtet des schlechten Zustands haben sich im Gebäude zahlreiche Architektur- und Ausstattungsdetails erhalten. Dazu zählen neben Fenstern und Klappläden das klassizistische Türblatt des moselseitigen Portals. Im Inneren beeindruckt die auf eine Holzschalung aufgebrachte Wölbung, die in Nachempfindung gotischer Gewölbe mit aufgelegten Rippen und Schlusssteinen mit schlichten Blattrosetten versehen ist. Zwischen den beiden östlichen Fenstern kann man die wandhohe Tora-Nische erkennen. Dem Gebäude ist eine behutsame Restaurierung zu wünschen.

Dieblich
(Kreis Mayen-Koblenz)

Das 1822 eingerichtete Bethaus an der Ecke Hauptstraße / Kirchstraße wurde beim Pogrom im November 1938 verwüstet, im Hinblick auf Nachbargebäude legten die Täter jedoch kein Feuer.

Diez
(Rhein-Lahn-Kreis)

Schon vor 1713 verfügten die Juden in Diez über einen Kultraum. Sie zählten damit zu den privilegierten Gemeinden, denn in der Region gab es Beträume lediglich noch in Bad Ems, Hahnstätten und Kirberg. Bis 1863 hatte rund hundert Jahre ein an das Wohnhaus des Rabbiners und Lehrers angefügtes Hintergebäude als jüdischer Versammlungs- und Gebetsort gedient (Altstadtstraße 36). Von die-

sem Ende der 1950er Jahre abgebrochenen
Gebäudeteil stehen noch zwei Bruchstein-
mauern. Das ehemalige Rabbinerhaus, ein giebelständiger Fachwerkbau, wurde 1994 restauriert.

Am Ende der Kanalstraße (Nr. 9) wurde 1863 eine Synagoge nach Entwurf des nassauischen Oberbaurats Carl Boos neuromanisch erbaut. Die Demolierung 1938 hatte einen relativ geringen Gebäudeschaden verursacht. Vom Jewish Trust, dem Besitzer seit 1945, wurde das stattliche, zweigeschossige Bauwerk verkauft und 1951 abgetragen. Heute befinden sich dort Garagen. Eine Gedenktafel mit Menora von 1986 erinnert an den historischen Ort.

Ediger-Eller

(Kreis Cochem-Zell)

Neben den ortsansässigen Juden versammelten sich im 19. Jahrhundert auch die aus Bremm, Nehren und Senhals (seit 1853) zum Gottesdienst im Betraum eines Hauses in der Judengasse (heute Rathausstraße 1). Diese „Judenschule" war in einem stattlichen, dreigeschossigen Haus aus der Zeit um 1600 untergebracht. Der Kultraum befand sich in jenem hinteren Obergeschossteil des Massivbaus mit Fachwerkaufsatz, der um 1970 einem tief greifenden Umbau zum Opfer fiel.

Im späteren 19. Jahrhundert wurde die Betstätte im Nachbarhaus (straßenaufwärts) zur

Synagoge umgebaut. 1890 erhielt der kleine Satteldachbau spitzbogige Portal- und Fensterformen im neugotischen Stil. Die beiden Gesetzestafeln über dem Eingang wiesen das Haus als Synagoge aus. Die Zerstörungen in der Pogromnacht im November 1938 konzentrierten sich im Wesentlichen auf das Mobiliar des jüdischen Kulthauses. Das veräußerte und anschließend unter zwei Privateigentümern aufgeteilte Gebäude diente in den 1950er Jahren als Ökonomiegebäude, bis der moselseitige Teil in den späten 1980er Jahren für Wohnzwecke zweigeschossig ausgebaut wurde. Nachdem bereits Jahre zuvor eine Genisa mit hebräischen und jiddischen Schriften des 17. bis 19. Jahrhunderts auf dem Dachboden entdeckt worden war, kamen 1998/99 weitere Reste von Büchern, darunter ein kommentierter Pentateuch von 1713, eines Tora-Wimpels, Gebetsriemen und -mäntel zum Vorschein. Seit 1999 engagiert sich der „Bürgerverein Synagoge

Gebäude mit ehemaliger, zwischenzeitlich verlorener Betstube in Ediger-Eller.

Die ehemalige Synagoge in Ediger-Eller.

Ediger e. V.", der das Gebäude 2003 erwerben und von den störenden Einbauten befreien konnte. Vereinsziel ist die Wiederherstellung der einstigen Synagoge zu einem „Haus der Psalmen". Inzwischen kann zumindest der ursprüngliche Raumeindruck wieder weitgehend erlebt werden. Erhalten haben sich die Tora-Nische mit dem Kreisfenster darüber, die Fenstergewände, der Deckenstuck und Fassungsreste mit Schablonenmalerei. Ein auf Pappe gemalter Misrach von 1894 – der die Gebetsrichtung angibt – existiert ebenfalls noch.

Flacht
(Rhein-Lahn-Kreis)

Nachdem die Flachter Juden seit dem 19. Jahrhundert in wechselnden Privathäusern Bet-

Gebäude mit ehemaligem Betraum in Flacht.

stuben eingerichtet hatten, konnte die jüdische Gemeinde 1928 ein geerbtes Haus in der Hauptstraße 35 zur Synagoge umbauen. Das aus dem 19. Jahrhundert stammende Gebäude existiert heute nach erneutem Umbau wieder als Wohnhaus. Nichts weist auf die einstige Nutzung hin.

Freilingen
(Westerwaldkreis)

In Freilingen lebten Juden von 1721 bis in die Jahre vor dem Ersten Weltkrieg, ein Gemeindestatus bestand erst seit 1817. Die um 1860 im Rundbogenstil errichtete Synagoge an der Ecke Bergstraße/Hohe Straße wurde nach dem Fortzug der Gemeinde verkauft und als Lager genutzt. Der giebelständige Rechteckbau mit Satteldach zeigt straßenseitig ein Kreisfenster.

Frücht
(Rhein-Lahn-Kreis)

In Frücht, das bis 1852 Hauptort eines Syna-
gogenbezirks (mit Fachbach, Miellen und
Nievern) war, diente ein Obergeschossraum im
1844 erbauten Wohnhaus Emser Straße 8
(Familie Roos) als Versammlungsort für Gottesdienste. Bereits vor 1892 wurde er aufgegeben, das Haus danach mehrfach umgebaut.

Gemünden/über Westerburg
(Westerwaldkreis)

In einem zweigeschossigen Fachwerkbau war
bis zum Umbau 1860/61 ein - 1801 erstmals
erwähnter - Betraum im Obergeschoss vorhanden. Obwohl seit 1813 Rennerod zur Kultusgemeinde gehörte, war die Mindestanzahl an
Gottesdienstteilnehmern zumindest in den
1840er Jahren schwerlich sicherzustellen. Beim
großangelegten Umbau des Hauses in der
Judengasse 6 wurde die Decke entfernt und ein
zweigeschossiger Saal mit Frauenempore her-
gestellt. 1918/19 wurde die Synagoge geschlossen und einige Jahre später wieder zu einem
Wohnhaus zurückgebaut.

Grafschaft, Ortsteil Gelsdorf
(Kreis Ahrweiler)

In der ersten Hälfte des 19. Jahrhunderts nutzte
die schon um 1600 bestehende jüdische Gemeinde in Gelsdorf einen sehr kleinen Betraum
in der Bonner Straße 48 (1862 aufgegeben).
1861 kaufte man den mittleren Teil des
Südwestflügels der Gelsdorfer Vorburg und
weihte 1862 dort nach kurzem Umbau die
Synagoge ein. Die kultische Nutzung endete
bereits vor 1922. 1939 wurde das Gebäude verkauft und anschließend zu Wohnzwecken

umgebaut. Nachdem der Komplex Ende des 20. Jahrhunderts nochmals verändert wurde, erinnert nichts mehr an den vormaligen Kultraum.

Hachenburg
(Westerwaldkreis)

Im 19. Jahrhundert gab es einen Betraum im Obergeschoss eines heute nicht mehr bestehenden Wohnhauses in der Judengasse (heute Alte Poststraße). Nach langer Vorgeschichte konnte 1896/97 die Hachenburger Synagoge nach Plänen des Herborner Kirchenbaumeisters Ludwig Hofmann errichtet werden (Alexander-Ring 6). Bei der Einweihungsfeier waren die christlichen Mitbürger der Stadt sehr engagiert; so hatte zum Beispiel die katholische Gemeinde ihren „Himmel" ausgeliehen! Auch der Chorgesang wurde von Christen unterstützt. Die Verwüstung durch Nazi-Schergen in der Nacht vom 9./10. November ging aufgrund der nahe gelegenen Nachbarhäuser ohne Brandstiftung vonstatten. Zur Nutzung durch den Reichsluftschutzbund wurde das Gebäude umgebaut. Der profanierte Backsteinbau mit Sandsteingliederung veranschaulicht heute nurmehr das Bauvolumen der ehemaligen Synagoge und diente zuletzt als Textilgeschäft.

Hahnstätten
(Rhein-Lahn-Kreis)

In Hahnstätten lebten einer Zählung von 1714 zufolge mit zehn Familien die meisten Juden innerhalb der Grafschaft Diez. Zumindest seit der Mitte des 19. Jahrhunderts befand sich ein Betraum im Obergeschoss des Wohnhauses in der Dahlstraße 1. Im Sommer 1936 wurde das Haus verkauft und nach dem Zweiten Weltkrieg verändert.

Höhr-Grenzhausen
(Westerwaldkreis)

Über die jüdische Bevölkerung Grenzhausens im 17. und 18. Jahrhundert ist wenig bekannt. 1683 sind vier Familien am Ort nachgewiesen und im 18. Jahrhundert dürfte bereits eine Gemeinde bestanden haben. Im Jahre 1900 wurde ein seit 1843 genutztes Bethaus in der Judengasse (heute Seiferwiese 4) verkauft. Seit diesem Zeitpunkt konnte die neue Synagoge in der Kasinostraße 9 für Gottesdienste benutzt werden. Der etwas von der Straße zurückgesetzte Bau weist eine Gliederung durch Strebepfeiler und Rundbogenfenster auf. An der Eingangsseite besaß der giebelständige Bau ein Kreisfenster und einen steigenden Bogenfries. Beim Pogrom 1938 konnte die Brandstiftung verhindert werden, weil ein Anwohner den Verbrechern glaubhaft versicherte, dass das Gebäude bereits in christliche Hände übergegangen sei - was jedoch nicht der Wahrheit entsprach. Es wird heute als Wohnhaus genutzt.

Holzappel
(Rhein-Lahn-Kreis)

In einem Wohnhaus des 18. Jahrhunderts befand sich der Betraum, der während des reichsweiten Pogroms am 10. November 1938 verwüstet wurde. Kurz zuvor hatten beherzte Juden einige Kultgegenstände (darunter zwei Tora-Rollen) vorsorglich evakuiert. Eine 1990 angebrachte Gedenktafel erinnert an den jüdischen Betsaal in dem heute geschäftlich genutzten Haus in der Hauptstraße 63.

Kaisersesch
(Kreis Cochem-Zell)

In Kaisersesch, wo Juden seit dem 19. Jahrhundert nachweisbar sind, wurde bis 1938 ein zweigeschossiges Eckhaus in der Koblenzer Straße als Bethaus benutzt. Der Pogrom von 1938 führte zwar zur Verwüstung im Innern, doch nicht zur Brandstiftung. Nach dem Zweiten Weltkrieg wurde das Gebäude zum Wohnhaus umgebaut.

Kobern-Gondorf

(Kreis Mayen-Koblenz)

Schon 1768 wurde in Kobern eine Judenschule erwähnt. Das betreffende Fachwerkhaus (Peterstraße 3) erhebt sich über einem massiven Erdgeschoss und stammt im Kern aus dem 16. Jahrhundert. Der Betraum ist infolge mehrerer Veränderungen umgenutzt. 1879 wurde im Oberdorf am Fuß des Burgbergs eine neuromanische Synagoge in der Lennigstraße errichtet. Das im Anschluss an die Verwüstung durch Nazi-Horden ausgebrannte Gebäude wurde als Wohnhaus wiederaufgebaut. Auf der der Straße zugewandten Giebelseite befindet sich ein steigender Rundbogenfries über den Kantenlisenen.

Koblenz

Bereits unter dem Episkopat Kurfürst Balduins von Trier (1307–1354) existierte unweit der Judenpforte an der moselseitigen Stadtmauer eine Synagoge in Koblenz. Nach Ausschreitungen gegen Juden im Jahre 1531 war die Synagoge nicht länger als jüdischer Kultraum in Funktion. Ein Versammlungshaus des 18. Jahrhunderts, das bis zu Einweihung der neuen Synagoge 1851 in Gebrauch war, stand in der kleinen Judengasse (Rheingäßchen). Heute befindet sich dort ein Hochhaus.

Nachdem die jüdische Gemeinde Koblenz den Ostteil des Bürresheimer Hofes am Florinsmarkt im Jahre 1847 erworben hatte, erfolgte bis 1851 ein Umbau (Pläne von Johann Clau-

dius von Lassaulx) zur kultischen Nutzung. In den beiden Obergeschossen wurde der Versammlungsraum eingerichtet und im Erdgeschoss die jüdische Schule untergebracht, außerdem gab es unter anderem Wohn- und Krankenräume. Am 10. November 1938 erfolgte die vollständige Zerstörung des Synagogen-Innenraumes. Auf Brandstiftung verzichteten die Täter aufgrund der Umgebungsbebauung. Im Zweiten Weltkrieg wurde der Bau bis auf die Umfassungsmauern vernichtet. Beim Wiederaufbau des inzwischen in städtischen Besitz übergegangenen Anwesens orientierte man sich an der ursprünglichen Gebäudegestalt des 17. Jahrhunderts. Heute beherbergt das Haus die Stadtbücherei. 1986 wurde ein Gedenkraum mit einer Ausstellung zur Geschichte der Juden in Koblenz gestaltet. Eine Plakette erinnert an die einstige Synagoge. Vor der Zerstörung kündeten die beiden (aufgemalten) Gesetzestafeln auf dem Giebel und eine zweisprachige Inschrift von der Gebäudenutzung. Die Zweisprachigkeit dieser Inschrift sowie die Existenz einer Orgel zeigen, dass hier eine liberale Gemeinde bestand. Der 1878 gegründeten orthodoxen Judengemeinde wurde immerhin bis 1884 gestattet, private Gottesdienste während der Woche abzuhalten. Koblenz gehört zu den wenigen rheinland-pfälzischen Orten, in denen nach dem Zweiten Weltkrieg eine jüdische Kultusgemeinde fortbesteht. Der Mittelbau der 1925 errichteten Trauerhalle in der Schlachterstraße, der bereits seit 1938 beziehungsweise 1939 bis zur Deportation als Gebetsraum und Schule der Koblenzer Judengemeinde genutzt worden war, wurde nach dem Weltkrieg zur provisorischen Synagoge umgebaut. Die Einweihung fand 1947 statt. Im mittleren Gebäudeteil besteht seit dem Umbau von 1950 ein Synagogensaal nach Plänen von Helmut Goldschmidt. Besondere Aufmerksamkeit wurde der Belichtung des Raumes durch eine farbige Bleiverglasung mit einem Davidstern im tragenden Metallgerüst zuteil. „Denn mein Haus wird ein Bethaus heißen für alle Völker" (Jes 56,7) steht in hebräischen Metallbuchstaben über dem Eingang. 1961/62 erfolgte die Anfügung eines Gemeinderaumes. Seit 2001 werden zwei Tora-Mäntel aus Koblenz (1769/70) und Neuwied (1871) ausgestellt.

Koblenz-Metternich

In Metternich waren in französischer Zeit (1808) 33 Juden ansässig. Eine Synagoge in der Trierer Straße 296 wurde 1933 für eine künftige Wohnnutzung verkauft.

Lahnstein, Ortsteil Oberlahnstein
(Rhein-Lahn-Kreis)

In Lahnstein, wo schon vor 1266 eine Judengemeinde bestand, wird 1349 eine Judenschule erwähnt. Ein zweigeschossiger Synagogenneubau in der Hochstraße 65 wurde vermutlich 1849 errichtet. An der Nordwand des Gebäudes,

das ursprünglich wohl Rundbogenfenster besaß, haben sich Stuckpilaster erhalten. 1938
wurde die Ausstattung zerstört, jedoch wegen
der Nachbarhäuser auf eine Brandstiftung ver-
zichtet. Nach der Rückgabe des Gebäudes an
die jüdische Gemeinde in Koblenz wurde es
1950 verkauft und fortan als Wohnhaus genutzt.
Ein Gedenkhinweis fehlt.

Laufersweiler
(Rhein-Hunsrück-Kreis)

Nach einem Brand der ältesten jüdischen Kult-
stätte am 27. Juli 1839 wurde Baumeister Hahn
aus Külz mit der Errichtung der neuen Synagoge betraut (1841–44). Seit deren Abbruch
1909 bestehen nur noch unbedeutende Reste
des Erdgeschosses (neben Neuer Weg Nr. 3).
Zur Anlage gehörte eine Mikwe.
Ein Synagogenneubau in der Kirchgasse 6, unweit der katholischen Kirche, wurde 1910 nach
Entwürfen von Baumeister Nikolaus Elz, Hirsch-
feld, begonnen und konnte im Sommer 1911
eingeweiht werden. Als zweigeschossiger Putzbau mit Sandsteingliederung erhebt sich die

*Die Synagoge in
Laufersweiler im Jahre
1911.*

Festkarte zur Einweihung der neuen Synagoge Laufersweiler
am 1. u. 2. Juni
1911.

Portal-Ansicht.   Laufersweiler.   Ansicht von Süd-Ost.

traufständige Synagoge über einem Steinsockel. Im Erdgeschoss finden sich schmale, flachbogige Zwillingsfenster und im Obergeschoss hohe Rundbogenfenster. Die jeweils drei Achsen werden von flachen Strebepfeilern mit Wasserschlägen begrenzt. An den Gebäudekanten enden sie mit dekorativen Pfeileraufsätzen. Im Osten gibt es Kugelabschlüsse, während die Westgiebelseite als Eingangsseite mit Schweifhauben auf den Oktogonpfeilern betont wurde. Zum dortigen Rundbogenportal mit zwei Löwenreliefs und profilierter Archivolte mit Inschrift führt eine Freitreppe. Ein verkröpftes Gesims zeichnet die Westseite zusätzlich aus. An der Ostseite buchtet die Tora-Nische polygonal aus. Beim Novemberpogrom wurden die Ausstattung der Synagoge demoliert und die Giebelspitzen (im Westen mit den Gesetzestafeln Mose) abgeschlagen, ferner brachen die Täter Teile der Inschriftensteine aus dem Portalgewände. Zur Brandstiftung kam es aufgrund der nahen Umgebungsbebauung nicht. Das 1955 an die Ortsgemeinde verkaufte Gebäude wurde grundlegend umgebaut und unterschiedlich genutzt; unter anderem von einer privaten Wäscherei. Nach einer intensiven Beschäftigung mit der jüdischen Vergangenheit Laufersweilers in den frühen 1980er Jahren fand 1986–88 eine umfassende Restaurierung des zwischenzeitlich unter Denkmalschutz gestellten Gebäudes unter Leitung der Nachfahren des Architekten Elz statt. Sämtliche Gewände, die beim Umbau in den 1950er Jahren entfernt worden waren, wurden ebenso wie die fehlenden Giebelbekrönungen vereinfacht wiederhergestellt. Da die ausgestemmten Inschriftensteine des Portals (*Wie fein sind deine Zelte Jakob und deine Wohnung Israel*) vom evangelischen Pfarrer und von Konfirmanden geborgen worden waren, konnten sie als einzige Originalteile wieder an ihren Ursprungsort zurückversetzt werden. Im Inneren musste eine nachträglich eingezogene Geschossdecke, welche zur Entfernung beider Frauenemporen geführt hatte, im Kultraum nutzungsbedingt beibehalten werden. Seit 1989 besteht der „Freundeskreis Synagoge Laufersweiler e. V.", der in dem kulturell genutzten Gebäude eine Dauerausstellung zur jüdischen Geschichte im Hunsrück einrichtete. Am einstigen Aufbewahrungsort der Tora-Rollen befindet sich ein Gedenkrelief. Ein Fragment der beiden Gesetzestafeln, die ursprünglich den Giebelabschluss bildeten, wird auf dem Friedhof aufbewahrt.

Linz am Rhein
(Kreis Neuwied)

Über einen Kultraum verfügte die jüdische Gemeinde in Linz schon im frühen 16. Jahrhundert. Im 1693 errichteten Fachwerkbau an der Ecke Neustraße 20/Auf dem Berg hatte Hirz Horn, Vorsteher der Judengemeinde, nach 1725 ein Bet- und Schulzimmer sowie eine Mikwe eingerichtet. Nachdem das Anwesen 1841 von der jüdischen Gemeinde gekauft worden war, musste es 1935/36 zwangsweise veräußert werden.

In Nachbarschaft zu diesem schmucken Fachwerkhaus war 1851 unter Aufsicht des Bauinspektors Nebel ein Synagogenbau der orthodox ausgerichteten Judengemeinde aus Backstein erbaut worden (Auf dem Berg 1). Wegen der angrenzenden Fachwerkbebauung wurde das Gebäude 1938 demoliert, aber nicht angezündet. Nach Jahrzehnten einer Lagernutzung erfolgte 1985 ein vollständiger Umbau in ein dreigeschossiges Wohnhaus. Kantenlisenen und Giebelprofil weisen auf den Ursprungsbau zurück. Dass es sich dabei um eine Synagoge handelte, erschließt sich erst durch die 1992 angebrachte Gedenktafel.

Gebäude mit ehemaligem Betraum und Mikwe in Linz am Rhein.

105

Die ehemalige Syna-goge in Linz am Rhein.

Lutzerath
(Kreis Cochem-Zell)

Ab 1812 waren für rund 100 Jahre Juden in Lutzerath ansässig. Doch richtete man erst 1859 einen Betraum im Obergeschoss eines Wohnhauses in der Koblenzer Straße ein. Nach zwei Umbauten ist die einstige Nutzung nicht mehr erkennbar.

Maxsain
(Westerwaldkreis)

In Maxsain, wo erstmals 1589 Juden nachgewiesen sind, existierte in der ersten Hälfte des 19. Jahrhunderts ein Betraum in der Schönstraße 14. Da die kultische Nutzung schon vor dem Ersten Weltkrieg endete, blieb das Haus vor Schändung verschont. Es dient heute, vollkommen verändert, zu Wohnzwecken.

Mendig, Ortsteil Niedermendig
(Kreis Mayen-Koblenz)

Nach langer Vorgeschichte konnte 1886 die nach Entwürfen vom einheimischen Architekten Peter Schmitz gebaute Synagoge in der Niedermendiger Wollstraße eingeweiht werden. Der steinsichtige Bau aus polychromem Material mit neuromanischen Gliederungselementen wurde während des Pogroms 1938 völlig zerstört.

Mertloch
(Kreis Mayen-Koblenz)

In der Friedhofstraße 1 wurde in der zweiten Hälfte des 19. Jahrhunderts eine Synagoge mit halbkreisförmiger Tora-Nische erbaut. Es handelt sich um einen traufständigen, zweigeschossigen Bau, der zu einem Wohnhaus umgebaut wurde.

Mogendorf
(Westerwaldkreis)

Jüdische Bewohner von Mogendorf sind seit 1696 nachgewiesen und besuchten bis 1746 Gottesdienste in Selters. Nach langjähriger Baugeschichte wurde 1850 in Mogendorf eine Synagoge mit angegliederter Mikwe eingeweiht. Der im November 1938 entweihte und im Zweiten Weltkrieg nochmals beschädigte Bau wurde 1952 von der Evangelischen Kirchengemeinde erworben und zur Kirche umgebaut. An die Nutzung als Synagoge erinnert eine Gedenktafel im Vorraum.

Montabaur
(Westerwaldkreis)

Von mindestens 1780 bis zum Neubau einer Synagoge 1889 war in dem Fachwerkbau Vorderer Rebstock 26 der Betraum der jüdischen Gemeinde eingerichtet. Das traufständige, aus dem 18. Jahrhundert stammende Gebäude von zwei Geschossen hatte Anfang der 1990er Jahre eine Vergrößerung der Erdgeschossfenster erfahren. Die 1888/89 in der Wallstraße (Nr. 5) errichtete Synagoge war ein neuromanisch inspirierter Bau. Nach ihrer Schändung und versuchter Brandstiftung am 10. November 1938 wurde das Gebäude verkauft und in den 1940er Jahren abgebrochen. Eine Gedenktafel erinnert an die durch einen Geschäftsbau ersetzte Architektur.

Gedenktafel für die abgetragene Synagoge in Montabaur.

Mülheim-Kärlich, Ortsteil Kärlich
(Kreis Mayen-Koblenz)

Im Obergeschoss des denkmalgeschützten, giebelständigen Fachwerkhauses am Beginn der Burgstraße (Nr. 3) befand sich ein Betraum, der auch nach Einweihung der Mülheimer Synagoge noch genutzt wurde.

Münstermaifeld
(Kreis Mayen-Koblenz)

In Münstermaifeld, wo schon in der ersten Hälfte des 14. Jahrhunderts ein jüdischer Kultbau erwähnt wird, wurde um 1885 eine Synagoge in orientalisierenden Formen aus Bruchstein in der Severusgasse erbaut. Während des Pogroms im November 1938 brannte die Synagoge aus und bestand seitdem als Ruine ohne den eingestürzten Giebel. Die Umfassungsmauern mit ihrem Polygonschluss (stirnseitig Tora-Nische) und den charakteristischen Fensteröffnungen wurden nach der Unterschutzstellung mit Hilfe des Landesamtes für Denkmalpflege gesichert. Das Anwesen gehört der jüdischen Kultusgemeinde in Koblenz. Der 1997 ins Leben gerufene „Förderverein Synagoge Münstermaifeld e. V." strebt einen Wiederaufbau der Architektur an.

Nastätten
(Rhein-Lahn-Kreis)

Die Einweihung der repräsentativen, nach Plänen des einheimischen Architekten Christian Schuck an der Ecke Rheinstraße/Brühlstraße erbauten Synagoge wurde 1904 vollzogen. Im Keller war eine Mikwe integriert. Nach der Schändung am 10. November 1938 erfolgte der Abriss des vom Stil der Neurenaissance beeinflussten Gebäudes im Jahr darauf. Heute

erstreckt sich an diesem Ort ein Parkplatz und seit 1987 erinnert ein Gedenkstein an die verschwundene Synagoge.

Niederzissen
(Kreis Ahrweiler)

In Niederzissen, wo Juden bereits 1580 genannt werden, fand schon im 17. und 18. Jahrhundert eine Judenschule Erwähnung. 1840/41 errichtete man eine neue Synagoge in der Mittelstraße, in der die meisten Juden lebten. Dies war der erste eigenständige Synagogenbau im Landkreis und als solcher erhielt er bald nach Fertigstellung im Gegensatz zu den übrigen Beträumen die Anerkennung als Kultraum durch den Landrat. Der giebelständige, verputzte Bruchsteinbau steht etwas zurückgesetzt an der Biegung der Mittelstraße. Nach der Schändung am 10. November 1938 wurde die Synagoge als Ökonomiegebäude und auch

Schmiede genutzt. Die tief herabreichenden Rundbogenfenster auf der Längsseite und das Kreisfenster im Giebel sind mit ihren Basalt-lava-Gewänden noch vorhanden. An- und Um-bauten beeinträchtigen die Erscheinung der vormaligen Synagoge erheblich. 1998 gab es einen Genisa-Fund auf dem Dachboden.

Nievern
(Rhein-Lahn-Kreis)

Der letzte Betraum der Nievener Juden war im Obergeschoss eines Fachwerkwohnhauses (Bahnhofstraße 25) eingerichtet. Er wurde im November 1938 zerstört und ausgeplündert. Das Wohnhaus ist erhalten.

Oberwesel
(Rhein-Hunsrück-Kreis)

Mit der 1886 fertig gestellten und unter großer Anteilnahme der Bevölkerung eingeweihten

111

Synagoge wuchs Oberwesel zu einem neuen Schwerpunkt jüdischen Lebens, indem die Landgemeinden Hirzenach, Perscheid und Werlau zur Gemeinde hinzukamen (1888). Das vom ortsansässigen Maurermeister Joseph Kipper entworfene und errichtete Bauwerk

Die ehemalige Synagoge in Oberwesel.

steht unmittelbar bei der Stadtmauer (Am Schaarplatz 3). Es wurde beim November-pogrom geplündert, aber wegen der Nachbar-bebauung erfolgte keine Brandstiftung. Nach dem tief greifenden Umbau von 1957, dem unter anderem die Rundbogenfenster zum Opfer fielen, und der Aufstockung ist es nicht mehr als einstige Synagoge zu erkennen. Bis 1974 war hier der örtliche Polizeisitz und seit-her wird es als Wohnhaus genutzt. Zwei Ge-denktafeln, eine von 1988, weisen auf die Synagoge hin.

Die Ehrentafel für die Gefallenen des Ersten Weltkriegs wurde nach dem Pogrom 1938 von der Synagoge entfernt und auf den Friedhof ver-bracht.

Gebäude mit ehe-maliger Mikwe in Oberwesel

113

Oberwesel
(Rhein-Hunsrück-Kreis)

In Oberwesel befindet sich eine Mikwe unweit des Schaarplatzes im Eckhaus Holzgasse 13/ Kirchgasse. Das zweigeschossige Fachwerkhaus mit seinem massiven, veränderten Erdgeschoss wurde wohl um 1700 errichtet. Über eine lange Treppe gelangt man in den 5–6 m unter Straßenniveau liegenden (älteren?) Kellerraum, der dauerhaft Wasser führt.

Osterspai
(Rhein-Lahn-Kreis)

Von der zweiten Hälfte des 17. Jahrhunderts bis zumindest 1912 lebten Juden in Osterspai. Sie gingen wohl zum Synagogengottesdienst nach Oberlahnstein. Im zwischenzeitlich aufgestockten Wohnhaus Jahnstraße 5 war jedoch ein Betraum eingerichtet.

Polch
(Kreis Mayen-Koblenz)

Die ausweislich ihrer hebräischen Portalinschrift im Jahr 1877 fertig gestellte Synagoge von Polch steht unweit der katholischen Pfarrkirche, deutlich von der Straße abgesetzt in der Ostergasse 11. Der eingeschossige Bau mit Krotzenmauerwerk aus Basaltlava wird durch Strebepfeiler gegliedert und besitzt einen dreiseitigen Abschluss. Sämtliche Gewände der Fenster mit Hufeisenbögen und andere gliedernde Bauelemente bestehen aus Tuffstein. Die Fassade endet in einem Giebel mit einem Aufsatz und markanten Dreiviertelsäulen – wohl eine Reminiszenz an die beiden Säulen des Jerusalemer Tempels – ebenfalls mit Aufsätzen. In der Mittelachse befindet sich ein Rundbogenportal, das in Anlehnung an dasje-

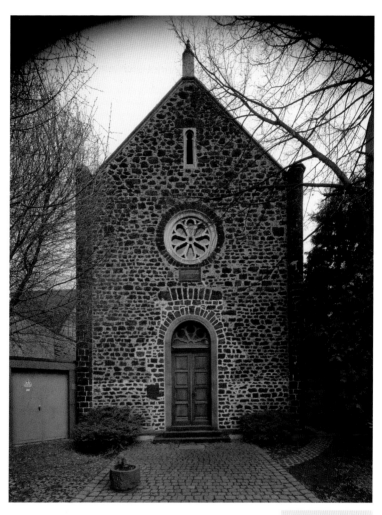

Die ehemalige Synagoge in Polch.

nige von Münstermaifeld rekonstruiert wurde. Darüber erscheint ein Radfenster und im Giebel schließlich ein schmales Hufeisenbogenfenster, wiederum aus Tuffstein. Der rippengewölbte Saalraum besitzt ein Doppeljoch im Westen und einen 5/8-Schluss im Osten. In der über Konsolen ansetzenden Gewölbezone tritt dekorative Rankenmalerei auf. Sie steht in einem auffälligen Kontrast zu den heute geweißten Wandflächen. Die Tora-Nische ist flachbogig

Das Innere der ehemaligen Synagoge in Polch.

ausgebildet und darüber zeichnet sich auf der Wand die Kontur eines Davidsterns ab. Auf der gegenüberliegenden Seite wird die teilerneuerte Frauenempore durch die Fensterrose belichtet. Stilistische Vergleiche mit anderen Polcher Bauten lassen vermuten, dass Hermann Nebel, Koblenz, für den Entwurf verantwortlich zeichnete. Ein während des Pogroms von 1938 gelegter Brand konnte rasch gelöscht werden und beschädigte lediglich die Empore. Die 1940 zwangsverkaufte Synagoge gelangte zehn Jahre später in den Besitz der jüdischen Kultusgemeinde, die sie 1953 an die Ortsgemeinde verkaufte und so eine bis 1980 während Lagernutzung ermöglichte. Von 1981 bis 1983/84 wurde das geschützte Kulturdenkmal instandgesetzt und seitdem für unterschiedliche Kulturveranstaltungen genutzt. Eine kleine Ausstellung erläutert die Geschichte der Polcher Juden, die sich erstmals um 1790 angesiedelt haben dürften.

Rheinböllen
(Rhein-Hunsrück-Kreis)

Als Synagoge fungierte ein schlichter, wohl vor 1841 errichteter Fachwerkbau von einem Geschoss mit schiefergedecktem Krüppelwalmdach in der Bacharacher Straße 57. Der an einem Stichweg gelegene, verputzte Bau war im

Die ehemalige Synagoge in Rheinböllen.

November 1938 nicht angesteckt worden. Sein damals bereits anstehender und 1939 getätigter Verkauf hatte dies verhindert. Die ehemalige Synagoge, die rund 25 Personen unter einer kuppelartigen Wölbung Platz bot, dient nach einem Umbau (unter anderem Entfernung der Tora-Nische) seit einiger Zeit als Werkstatt eines Malerbetriebs. 1997 wurde auf Initiative von jungen Katholiken eine Gedenktafel am Gebäude angebracht. Von der Ausstattung hat sich der große Leuchter in Privatbesitz erhalten (Restaurant), vermutlich auch die Tora-Rollen. Der mutmaßliche Tora-Schrank wird seit 2002 in der Laufersweiler Synagoge aufbewahrt.

Rheinbreitbach
(Kreis Neuwied)

In Rheinbreitbach, wo 1803 elf Juden ansässig waren, bestand ein Betraum in der Hauptstraße 20 (Metzgerei Pickenhahn).

Rhens
(Kreis Mayen-Koblenz)

Die jüdische Gemeinde in Rhens richtete 1832 einen Betraum in dem im Kern aus dem Jahre 1668 stammenden Fachwerkhaus in der Langstraße 9 ein. Nach der Schändung am 10. November 1938 und versuchter Brandstiftung des Hauses, sahen sich die noch verbliebenen Juden gedrängt, Rhens bis 1939 zu verlassen. Auf den ehemaligen Kultraum weist eine Gedenktafel hin.

Saffig
(Kreis Mayen-Koblenz)

In Saffig bestand ein hoher jüdischer Bevölkerungsanteil; 1863 bekannten sich rund zehn Prozent zum jüdischen Glauben. Schon in den

Die ehemalige Synagoge in Saffig.

Jahren 1844/45 entstand die Synagoge auf dem Klöppelsberg in der Nähe des Ortskerns (Neustraße). Der kleine, eingeschossige Bau aus lokaltypischem Krotzenmauerwerk steht mit seiner übergiebelten Eingangsseite ein wenig von der Straße abgerückt. Er zählt zu den frühen neuromanischen Bauten und geht auf das Umfeld von Johann Claudius von Lassaulx und Ferdinand Jakob Nebel zurück.

Die dunklen Basaltlavasteine der Fenstergewände und der Kantenlisenen kontrastieren mit
dem Bestichputz der Wandflächen. Zusammen
mit dem aus Backstein ausgeführten Trauf-
gesims und dem gestuften Westgiebel ergibt
sich eine eindrucksvolle Polychromie durch die
Baumaterialien. Die Rundbogenform der Fenster und des Portals wird mit drei gestuften
Blendbögen im Giebel wieder aufgenommen.
Zwischen dem zentralen Kreisfenster und der
Eingangstür befindet sich ein oval gerahmter,
zweisprachiger Inschriftenstein: H*ier ist die Pforte
des Ewigen / Gerechte tretet ein* (Psalm 118,20) und

*Das Innere der ehe-
maligen Synagoge in
Saffig.*

die hebräische Zahl 5605 (1844/45). Der zwei-jochige Saalraum besitzt Pfeilervorlagen und Kreuzgratgewölbe und knüpft somit an roma-nisches Formengut an. Auch diese Synagoge wurde beim Pogrom 1938 von SA-Leuten heim-gesucht und die Ausstattung zerstört. Lediglich eine Tora- sowie eine Ester-Rolle konnten in Sicherheit gebracht werden (heute in New York beziehungsweise Sydney). Ab 1940 wurde das zwangsweise an die Ortsgemeinde veräußerte Gebäude als Schuppen genutzt. 1985 kam es zu einem Genisa-Fund, der hebräische Bücher und ein Talmud-Exemplar des 19. Jahrhunderts umfasste. Im Sommer 1986 erwarb der im Jahr zuvor gegründete Verein „Förderkreis Synagoge Saffig" das inzwischen denkmalgeschützte Bauwerk und setzte es bis 1991 instand. Die offenbar aus dem frühen 20. Jahrhundert stam-mende Farbfassung mit „Sternenhimmel" im Gewölbe wurde wiederhergestellt und die Frauenempore wieder eingebaut. Heute ist die ehemalige Synagoge eine Stätte der Erinnerung und kultureller Veranstaltungen. Eine Ge-denktafel erinnert an die Opfer von 1933–45.

Sankt Goar
(Rhein-Hunsrück-Kreis)

Ein Raum für den jüdischen Kultus bestand in Sankt Goar zumindest seit dem 18. Jahrhundert. 1876 wurde von der jüdischen Beerdigungs-bruderschaft ein Wohnhaus in der Oberstraße erworben und zu einer Synagoge umgebaut. Aufgrund der starken Abnahme der jüdischen Bevölkerung wurden die Räumlichkeiten gegen 1935 zu einem Betraum herabgestuft. Um wenigstens an hohen Feiertagen die Mindest-anzahl von zehn Männern zu erreichen, waren Privatgäste eingeladen worden. Aufgrund der Umgebungsbebauung blieb das Gebäude, ein eingeschossiger und traufständiger Putzbau über hohem Kellergeschoss, am 9. November 1938 vor einer Brandstiftung verschont und wurde „lediglich" verwüstet.

Sankt Goar, Ortsteil Werlau
(Rhein-Hunsrück-Kreis)

Nachdem sich die vormals zur Synagogengemeinde St. Goar gehörigen Juden Werlaus 1888 mit ihren Glaubensbrüdern von Oberwesel zusammengeschlossen hatten, richteten sie Beträume in Wohnhäusern ein. In der Pogromnacht 1938 wurde der letzte Betraum in der Bopparder Straße verwüstet (Familie Vollrath).

Sankt Goarshausen
(Rhein-Lahn-Kreis)

Im 19. Jahrhundert nahm man die Einrichtung eines Betraumes im dreigeschossigen Haus Bahnhofstraße 33 vor. Er diente bis Ende 1937 für gottesdienstliche Zusammenkünfte. Im Jahr darauf erfolgte der Umbau für die Kreisleitung der NSDAP, die das Gebäude fortan als „Adolf-Hitler-Haus" nutzte.

Simmern
(Rhein-Hunsrück-Kreis)

In Simmern, wo bereits um 1800 eine Synagoge in der Hunsgasse bestand, errichtete die jüdische Gemeinde an der selben Stelle 1911 einen Neubau, wohl nach dem Entwurf des Kreisbaumeisters Kopsch. Das in einem Mischstil mit Anklängen des Jugendstils erbaute Gebäude zählte zu den seltenen Beispielen mit einer Portalinschrift in deutscher Sprache: *Mein Haus soll Bethaus genannt werden für alle Völker der Erde* (Jesaja 56,7). Durch Brandstiftung wurde die Synagoge am 9. November 1938 zur Ruine. Ein Kaufmann erwarb sie 1940 und ließ 1950

auf dem Grundstück ein Wohn- und Lagerhaus aufführen. Seit dem fünfzigsten Jahrestag des Pogroms steht vor dem Simmerner Schloss in der Nähe des ehemaligen Synagogenstandorts ein Gedenkstein. Dieser gespaltene Monolith gibt die einstige Portalinschrift der verschwundenen Synagoge und auf der anderen Seite die Namen Simmerner Juden wieder.

Vallendar

(Kreis Mayen-Koblenz)

Die Umfassungsmauern der am 12. November 1938 angesteckten und ausgebrannten Synagoge mit angrenzender Mikwe wurden 1957 von einem Privatmann erworben und in ein Wohn- und Werkstattgebäude integriert (Eulerstraße 3). In der östlichen Giebelmauer des Bruchsteinbaus befindet sich eine Fensterrosette ähnlich derjenigen in Polch. Die Synagoge war 1856/57 nach Plänen von Hermann Antonius Nebel, dem Koblenzer Stadtbaumeister, als Saalbau in maurischem Stil ausgeführt worden. Die durch den Synagogenbau geschaffenen Fakten beeinflusste die Entstehung der Synagogengemeinde, denn 1865 wurde deren Statut schließlich genehmigt. Um 1900 nahm man einen Umbau sowie eine Erweiterung vor. Eine Gedenktafel wurde 1987 am Ort der ehemaligen Synagoge angebracht.

Westerburg

(Westerwaldkreis)

In Westerburg, wo erstmals im 17. Jahrhundert Juden nachgewiesen sind und zu dessen Kultusgemeinde später Willmenrod, Neunkirchen, Pottum, Rennerod (zeitweise) und Weltersburg gehörten, erfolgte 1910 der neuromanisch inspirierte Neubau der Synagoge anstelle eines Vorgängerbaus aus dem ersten Viertel des 19. Jahrhunderts (Wilhelmstraße 4/Schaumgasse). Das im Anschluss an die Verwüstungen vom 9./10. November 1938 von der Stadt Westerburg erworbene Gebäude gelangte nach dem Zweiten Weltkrieg in Privatbesitz und dient einer gewerblichen Nutzung. Als zweigeschossiges Eckgebäude erhebt es sich in leichter Hanglage über einem hohen Sockelgeschoss. Über Eck angeordnete, rundbogige Zwillingsfenster, ein Drillingsfenster im Giebel sowie

Kreisfenster seitlich des Eingangs zeichnen das einstige Kultusgebäude auch nach den Veränderungen noch aus. Seit 1988 weist eine Gedenktafel auf die Ursprungsfunktion hin.

Zell/Mosel
(Kreis Cochem-Zell)

Die Synagoge wurde 1849 im Obergeschoss des Dienstbotentrakts im Zeller Schloss, den die jüdische Gemeinde zuvor erworben hatte, eingerichtet (Schloßstraße 10). Beim Umbau erhöhte

Die ehemalige Synagoge in Zell/Mosel.

125

man das Gebäude, verlegte den Eingang in die Jakobstraße (Ostseite) und errichtete einen Zwerchgiebel darüber. Die Eingangsseite wird lediglich durch zwei kleine Kreisfenster beleuchtet. Unterhalb des Südfensters befindet sich im Inneren des unter dem Straßenniveau liegenden Raumes die Nische für den Tora-Schrein. Eine eingreifende Erneuerung fand 1927 statt. Inspiriert vom angrenzenden Schlossbau aus der ersten Hälfte des 16. Jahrhunderts wurden der Eingang mit neugotischem Maßwerk versehen und entsprechende Fenstergewände in die Westmauer (eine davon 1993 zur Tür erweitert) eingebaut und übergiebelt. Der neue Sturz oberhalb des mit Davidsternen verzierten Türblattes zeigt die Menora und im Zwerchhausgiebel brachte man ein Sandsteinrelief mit den beiden Gesetzestafeln an. Zugleich wurde der Tora-Schrein vergrößert und eine neue, winkelförmi-

ge Frauenempore im Norden und Westen herge-
stellt. Die abgewinkelte Flachdecke außerhalb
der laubengangartigen Empore mit ihren profilierten Stützen und flachen Dreipassbögen
erhielt einen blauen Fond mit gelben Sternen.
Dies stellt einen beeindruckenden Kontrast
zu der gelb-orangen Wandfassung dar. In den
1920er Jahren wurde in der Südmauer eine vom
Bildhauer Wendhut, Traben-Trarbach, geschaffe-
ne Gedenktafel für die vier 1914–18 gefallenen
Zeller Juden aufgehängt. Die bekrönende Darstellung eines Stahlhelms wurde in das Bildnis

Portal des nicht fertig gestellten Synagogen-neubaus in Zell/Mosel, heute in einer Weinbergsmauer.

einer Trauernden umgearbeitet – eine Beson-
derheit, denn figürliche Darstellungen werden
durch die Religionsvorschriften eigentlich untersagt. Die 1938 verwüstete, aufgrund der Nähe
zum Schloss jedoch nicht angesteckte Synagoge
wurde zwangsverkauft, dann als Lager genutzt
und stand später leer. 1988 brachte man eine
Gedenktafel am Außenbau an und 1996 folgte
im Innern eine Tafel zum Gedenken an die ermordeten Juden aus Zell. Der seit 2000 bestehende „Freundeskreis Synagoge Zell e. V." betrieb die 2003 abgeschlossene Wiederherstellung der Synagoge als multifunktionalen Raum,
der künftig als Museum zur Geschichte der
Synagogengemeinde, als Ausstellungsraum, als
Ort für den christlich-islamischen Gesprächs-
kreis und für Ausstellungen etc. dient.
Nachdem die Zeller Judengemeinde kurz vor
dem Ersten Weltkrieg zu groß für die Schloss-
Synagoge geworden war, kam es zu einem Neubau in der Balduinstraße 5 (Hauptstraße). Von
diesem gelangte aber nur das aus Bruchstein
bestehende Erdgeschoss zur Ausführung. Es
wurde später in einen Hotelbau integriert, während das mit Säulen versehene Rundbogenportal erst um 1990 an eine Weinbergsmauer
(Moselblickrundweg) verbracht wurde. Grund
für die Aufgabe des Neubaus war der Verlust
des Baukapitals, das die jüdische Gemeinde in
Kriegsanleihen investiert hatte. Immerhin
konnte man mit dem Erlös aus der Grund-
stücksversteigerung in 1920er Jahren die Reno-
vierung der alten Synagoge finanzieren.

Zell-Merl/Mosel
(Kreis Cochem-Zell)

Mitte des 19. Jahrhunderts existierten zwei Beträume in Privathäusern, einer davon in der
Oberstraße im Obergeschoss des Hauses der
damaligen Metzgerei Geisel.

Literatur

(Auswahl)

Battenberg, Friedrich: Das Europäische Zeitalter der Juden: Zur Entwicklung einer Minderheit in der nichtjüdischen Umwelt Europas, 2 Bde., Darmstadt 1990.

Battenberg, Friedrich J.: Die Juden in Deutschland vom 16. bis zum Ende des 18. Jahrhunderts, München 2002 (Enzyklopädie Deutscher Geschichte, Band 60).

Beiträge zur jüdischen Geschichte in Rheinland-Pfalz/Sachor – Beiträge zur jüdischen Geschichte und zur Gedenkstättenarbeit in Rheinland-Pfalz, hrsg. v. Matthias Molitor; Hans-Eberhard Berkemann, Bad Kreuznach 1991–2000.

Böcher, Otto: Judengemeinden am Rhein, in: Vorzeiten: Geschichte in Rheinland-Pfalz, hrsg. v. Dieter Lau und Franz-Josef Heyen, Bd. III, Mainz 1987, S. 65–86.

Dokumentation zur Geschichte der jüdischen Bevölkerung in Rheinland-Pfalz und im Saarland von 1800 bis 1945, hrsg. von der Landesarchivverwaltung Rheinland-Pfalz in Verbindung mit dem Landesarchiv Saarbrücken. Veröffentlichungen der Landesarchivverwaltung Rheinland-Pfalz, Bde. 12–20. 1972–1987.

Ein edler Stein sei sein Baldachin: Jüdische Friedhöfe in Rheinland-Pfalz, hrsg. v. Landesamt für Denkmalpflege Rheinland-Pfalz, Mainz 1996.

Germania Judaica: Bd. 1: Von den ältesten Zeiten bis 1238, hrsg. v. Ismar Elbogen, Aron Freimann und Haim Tykocinski, Frankfurt (Breslau) 1917, 1934 [unveränderter Nachdruck

Tübingen 1963]; Bd. 2: Von 1238 bis zur Mitte des 14. Jahrhunderts, hrsg. v. Zvi Avneri, 2 Teilbde., Tübingen 1968; Bd. 3: 1350-1519, hrsg. v. Arye Maimon, 3 Teilbde., Tübingen 1987, 1995, 2003.

Haverkamp, Alfred: Erzbischof Balduin und die Juden, in: Balduin von Luxemburg 1285–1354, hrsg. v. Franz-Josef Heyen, Mainz 1985 (Quellen und Abhandlungen zur mittelrheinischen Kirchengeschichte, Bd. 53), S. 437–483.

Jösch, Joachim; Uli Jungbluth u. a. (Hrsg.): Juden im Westerwald: Leben, Leiden und Gedenken: Ein Wegweiser zur Spurensuche, Montabaur 1998.

Kahlenberg, Friedrich P.: Jüdische Gemeinden am Mittelrhein, in: Zwischen Rhein und Mosel: Der Kreis St. Goar, hrsg. v. Franz-Josef Heyen, Boppard 1966, S. 359–372.

Pies, Christof: Jüdisches Leben im Rhein-Hunsrück-Kreis, o. O., o. J. [2003] (Schriftenreihe des Hunsrücker Geschichtsvereins, Nr. 40).

Schleindl, Angelika: Spuren der Vergangenheit: Jüdisches Leben im Landkreis Cochem-Zell, Briedel 1996.

Synagogen und Denkmalpflege, hrsg. v. Landesamt für Denkmalpflege Rheinland-Pfalz, Mainz 1989.

„Und dies ist die Pforte des Himmels". Synagogen Rheinland-Pfalz Saarland, bearb. v. Stefan Fischbach und Ingrid Westerhoff, hrsg. v. Landesamt für Denkmalpflege Rheinland-Pfalz u. a., Mainz 2005 (Gedenkbuch der Synagogen in Deutschland, Bd. 2).

Warnecke, Hans (Hrsg.): Zeugnisse jüdischen Lebens im Kreis Ahrweiler, Bad Neuenahr-Ahrweiler 1998.

Wegweiser durch das jüdische Rheinland, hrsg. v. Ludger Heid u. a., Berlin 1992.

Ziwes, Franz-Josef: Studien zur Geschichte der Juden im mittleren Rheingebiet während des hohen und späten Mittelalters, Hannover 1995 (Forschungen zur Geschichte der Juden, Abteilung A, Abhandlungen 1).

Zur Geschichte und Kultur der Juden im Rheinland, neu hrsg. u. eingel. v. Falk Wiesemann, Düsseldorf 1985.

Unterlagen im Landesamt für Denkmalpflege Rheinland-Pfalz, darunter Manuskripte von Stefan Fischbach (Synagogen) und Martina Strehlen (Friedhöfe).

Abbildungsnachweis

David Harris, Jerusalem 64
Hochschule für jüdische Studien
 Heidelberg 83
Robert Janke, Boslar 14
Jösch, Joachim; Uli Jungbluth u. a. (Hrsg.):
 Juden im Westerwald, Montabaur 1998 25
Dr. Heinz Kahn, Polch 52
Dr. Anton Maria Keim, Mainz 63
Dr. Achim Krümmel, Mayen 35, 50, 51
Landesamt für Denkmalpflege Rheinland-Pfalz,
 Fotoarchiv 24, 85 oben
Landesamt für Denkmalpflege Rheinland-Pfalz,
 Sigmar Fitting 59, 115, 116, 120, 126
Landeshauptarchiv Koblenz 46, 53
Pies, Christof: Jüdisches Leben im Rhein-
 Hunsrück-Kreis, o. O., o. J. [2003] (Schriften-
 reihe des Hunsrücker Geschichtsvereins,
 Nr. 40) 38, 66
Eugen Reiter, Paulinus Verlag Trier 37
Meier Schwarz, Synagogue Memorial
 Jerusalem 58, 102
Stadtarchiv Mainz BPS 41, 43
Stadtarchiv Remagen 55
Stadtmuseum Andernach (Zeichnungen:
 Dr. Manfred Huiskes) 31, 67, 68, 69
Michaela Wolf-Hehl, Saffig, Stadtmuseum
 Andernach 70
Wolfgang Wolpert, Waldshut-Eschbach 65
Alle übrigen Aufnahmen Dr. Michael Huyer,
 Mainz

Ortsregister

Ägypten 40

Ahrweiler, siehe Bad Neuenahr-Ahrweiler,
  Ortsteil Ahrweiler

Altenkirchen 56

Andernach 10, 15, 17, 31, 44, 48, 60, 67–70

Bacharach 10–12, 16, 44, 47

Bad Breisig 29

Bad Breisig, Ortsteil Niederbreisig 71

Bad Ems 27, 79

Bad Hönningen 71

Bad Neuenahr-Ahrweiler, Ortsteil Ahrweiler
  44, 56, 60, 63, 71–74

Bad Neuenahr-Ahrweiler, Ortsteil Bad
  Neuenahr 23, 56, 74 f.

Beilstein 13, 16 f., 52, 75–78

Bendorf-Sayn 28, 33, 79 f.

Betzdorf 80

Bingen 10 f., 15 f., 44–48, 52, 60, 63, 81–86

Binningen 52, 57, 63, 86

Boppard 10–12, 13, 15 f., 44, 47, 52, 86–88

Boppard, Ortsteil Hirzenach 88, 112

Bornich 88

Bremm 92

Brohl 86

Bruttig 89 f.

Cochem 10, 12, 15, 26

Cordoba 55

Deutsches Reich 22, 28 f., 31, 79

Deutschland 56

Dieblich 90

Dierdorf 31, 61

Diez 28, 57, 90–92, 97

Ediger-Eller 60, 64 f., 92–94

England 11

Fachbach 96

Flacht 95

Forst 86

Franken 13

Frankreich 21

Freilingen 95
Friedberg/Hessen 67
Friedrichsegen bei Oberlahnstein 32
Frücht 96
Gelsdorf, siehe Grafschaft, Ortsteil Gelsdorf
Gemünden/Hunsrück 29
Gemünden/über Westerburg 96
Grafschaft, Ortsteil Gelsdorf 60 f., 96 f.
Hachenburg 33, 97
Hahnstätten 97
Hamm 56, 80
Hannover 56
Herborn 97
Höhr-Grenzhausen 29, 58, 98
Holzappel 98
Holzhausen 57
Hunsrück 19, 23, 27, 39, 104
Ingenheim 55
Jerusalem 40, 50 f., 64, 83, 114–117
Kaisersesch 98 f.
Kaiserslautern 84
Karden 86
Kastellaun 23, 30, 63
Katzenelnbogen 13
Kaub 10
Kirchberg 13, 55
Kobern-Gondorf 12, 57, 99
Koblenz 10 f., 14–16, 19, 21, 25, 27, 31–33, 35, 44, 46–48, 50–52, 61, 99–102, 109, 116, 124
Koblenz-Metternich 101
Köln 9, 16, 32, 56, 67
Lahnstein 31
Lahnstein, Ortsteil Niederlahnstein 34
Lahnstein, Ortsteil Oberlahnstein 11, 15, 48, 101 f., 114
Laufersweiler 23, 56, 60, 66, 102–104, 118
Linz am Rhein 104–106
Lutzerath 107
Mainz 9, 16, 47, 55 f.
Maxsain 107
Mayen 26, 55

Mendig, Ortsteil Niedermendig 57, 107
Mertloch 107
Meudt 33, 57 f.
Miehlen 30
Miellen 96
Mittelrhein 10–13, 26, 32, 44, 48, 54 f., 57, 60, 62
Mogendorf 108
Montabaur 24 f., 32, 34, 44, 57, 108
Moselkern 86
Mülheim-Kärlich, Ortsteil Mülheim 61
Mülheim-Kärlich, Ortsteil Kärlich 109
Münstereifel 15
Münstermaifeld 12, 47 f., 59, 109
Nassau 22, 61
Nastätten 60, 109 f.
Nehren 92
Neunkirchen 124
Neuwied 19, 26 f., 53 f., 101
New York 121
Nicäa 38
Niederbreisig, siehe Bad Breisig,
    Ortsteil Niederbreisig
Niederlahnstein, siehe Lahnstein,
    Ortsteil Niederlahnstein
Niedermendig, siehe Mendig,
    Ortsteil Niedermendig
Niederzissen 66, 110 f.
Nievern 96, 111
Oberlahnstein, siehe Lahnstein,
    Ortsteil Oberlahnstein
Oberwesel 10, 12 f., 47, 60, 111–114, 122
Ochtendung 55
Osterspai 114
Perscheid 112
Pfalzgrafschaft bei Rhein 16
Polch 59, 62, 114, 124
Preußen 22, 27
Pottum 124
Remagen 55, 63
Rennerod 96, 124
Rheinböllen 63, 117 f.

Rheinbreitbach 118
Rheinbrohl 27, 60
Rheineck 17
Rheingau 47
Rheinland 21 f., 25, 27
Rheinland-Pfalz 34
Rhens 118
Rockenhausen 11
Rom 45, 51
Saarbrücken 34
Saarland 34
Saffig 23, 57, 62 f., 66, 118–121
Sankt Goar 21, 121 f.
Sankt Goar, Ortsteil Werlau 23, 112, 122
Sankt Goarshausen 88, 122
Senhals 92
Simmern 26, 52, 60, 63, 122 f.
Sinzig 11, 13, 48, 62
Speyer 9, 52, 55, 67
Sponheim, vordere Grafschaft 13
Sydney 121
Toledo 55
Traben-Trarbach 12, 127
Trier, Erzbistum, Kurfürstentum 13, 16, 19, 22
Trier, Niederstift 19
Vallendar 124
Venedig 45
Weltersburg 124
Werlau, siehe St. Goar
Westerburg 23, 124 f.
Westerwald 19, 23
Wied-Neuwied, Grafschaft 19
Willmenrod 124
Windsbachtal bei Bacharach 11
Womrath 12
Worms 9, 52, 62, 67
Zell/Mosel 61, 63, 125–128
Zell-Merl/Mosel 128